Teneriffa
La Palma · Gomera · Hierro

Der Boom ist ungebrochen: Millionen von Touristen aus Mittel- und Nordeuropa tanken alljährlich auf den Kanarischen Inseln Sonne. Sieben bewohnte Inseln umfaßt der weit draußen im Atlantik auf der Höhe Westafrikas gelegene Archipel. Alle verbindet das sonnenreiche und milde Klima: Die rund 300 Sonnentage im Jahr sind es, die die Kanaren so verlockend machen. Zwar ist das gern zitierte Bild vom ›ewigen Frühling‹ nicht ganz zutreffend – gerade an den dem Passatwind zugewandten Nordseiten der Inseln gibt es reichlich Niederschläge und mitunter turbulente Wetterlagen –, jedoch fällt das Thermometer am Tage auch in den Wintermonaten selten unter zwanzig Grad.

Dieser HB-Bildatlas richtet den Blick auf die vier westlichen Kanaren Teneriffa, La Palma, Gomera und Hierro. Er ergänzt damit den HB-Bildatlas Nr. 176, der den Ostkanaren Gran Canaria, Fuerteventura und Lanzarote gewidmet ist. Beide Bände zusammen ersetzen die Ausgabe Nr. 61, in der alle Inseln des Archipels behandelt wurden – viel zu knapp, wie es mittlerweile erscheint. Denn auf allen sieben Inseln sind längst große touristische Anlagen entstanden; nur eine Insel, Gomera, wartet noch auf die Fertigstellung eines Flughafens.

Ein Strandurlaub zu Weihnachten, nur vier Flugstunden von Deutschland entfernt: Kritiker sprechen naserümpfend von der ›Badewanne Europas‹ – und vereinfachen in zweifacher Hinsicht: Zum einen gibt es, jedenfalls auf den Westkanaren, kaum jene goldfarbenen Strände, die man von einem ›Badeparadies‹ gemeinhin erwartet, sondern meist schwarze Lavastrände. Denn alle Kanaren sind erloschene Vulkane, und genau darin liegt – zum anderen – ihr eigentlicher Reiz: Oft nur einen Katzensprung von der Küste entfernt bieten sie Naturerscheinungen von grandioser Schönheit. Auf Teneriffa ist dies der Nationalpark Las Cañadas mit dem Teide, Spaniens höchstem Berg, auf La Palma ein spektakulärer Erosionskrater, auf Gomera sind es die Nebelwälder von Garajonay und auf Hierro der Halbkrater El Golfo und der stille Wacholderhain von La Dehesa.

Harald Klöcker, Autor dieses Bandes, und die Fotografen Mike Schröder und Hartmut Schwarzbach laden zur Entdeckung dieser Inselwelt ein – mit dem Versprechen von weit mehr als nur Sonne und Meer.

Typisch für die westlichen Kanaren sind dunkle Lavastrände, hier die Playa de los Colorados auf Hierro.

Titel: Aus farbigen Vulkansanden werden Fronleichnamsbilder gefertigt: La Orotava auf Teneriffa.

La Palma
78
88
Pta. de Rabisca
Garafía
Franceses
Barlovento
Pta. Salvajes
Los Sauces
La Tricias
Punta Gorda
Puntagorda
Roque de los Muchachos
2426
159
Taburiente
Pta. Salinas
Puntallana
Tijarafe
Parque Nacional de la Caldera de Taburiente
El Corralejo
2044
Los Llanos de Aridane
Santa Cruz de la Palma
El Paso
Breña Alta
Tazacorte
Breña Baja
SantaCruz de Tenerife
OCÉANO
Las Manchas
Mazo (El Pueblo)
Puerto Naos
Belmaco
Deseada o Nambroque
1949
ATLÁNTICO
La Caleta (Hierro)
Bahía de los Roques
Fuencaliente de la Palma
Pta. de Fuencaliente

Arquipélago de Madeira
Madeira
Porto Santo
Ilhas Desertas
OCÉANO ATLÁNTICO
Islas Canarias
La Palma
Teneriffa
Lanzarote
Hierro
Gomera
Fuerteventura
Gran Canaria
ÁFRICA

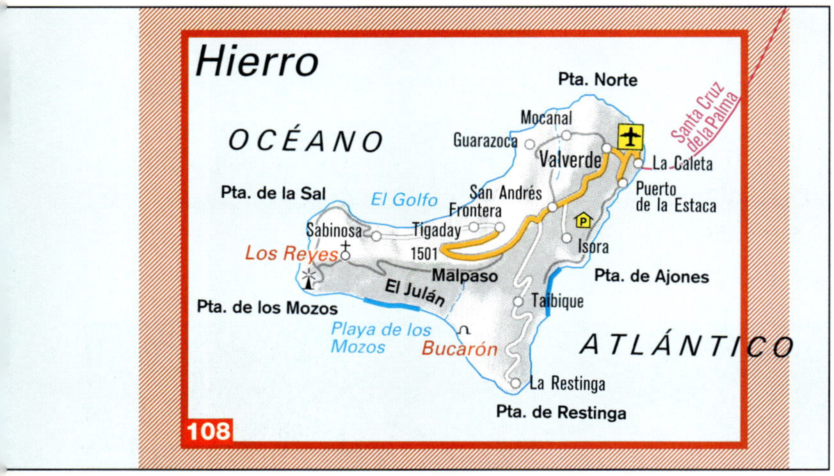

Hierro
108
Pta. Norte
Santa Cruz de la Palma
Mocanal
OCÉANO
Guarazoca
Valverde
La Caleta
Pta. de la Sal
El Golfo
San Andrés
Frontera
Puerto de la Estaca
Sabinosa
Tigaday
Los Reyes
1501
Isora
Malpaso
El Julán
Pta. de Ajones
Pta. de los Mozos
Taibique
Playa de los Mozos
Bucarón
ATLÁNTICO
La Restinga
Pta. de Restinga

Gomera
98
Pta. de los Órganos
Pta. del Peligro
Playa de Vallehermoso
Tazo
Agulo
Alojera
Vallehermoso
Pta. del Viento
Parque Nac. de Garajonay
Pta. Majona
Pta. Llana
Garajonay
Pta. de la Calera
La Calera
La Playa Calera
1487
San Sebastián de la Gomera
Gerián
OCÉANO
Alajeró
808
La Rajita
Calvario
Barranco de Santiago
Pta. Falcones
Pta. del Becerro
ATLÁNTICO
Los Cristianos
Santa Cruz de Tenerife

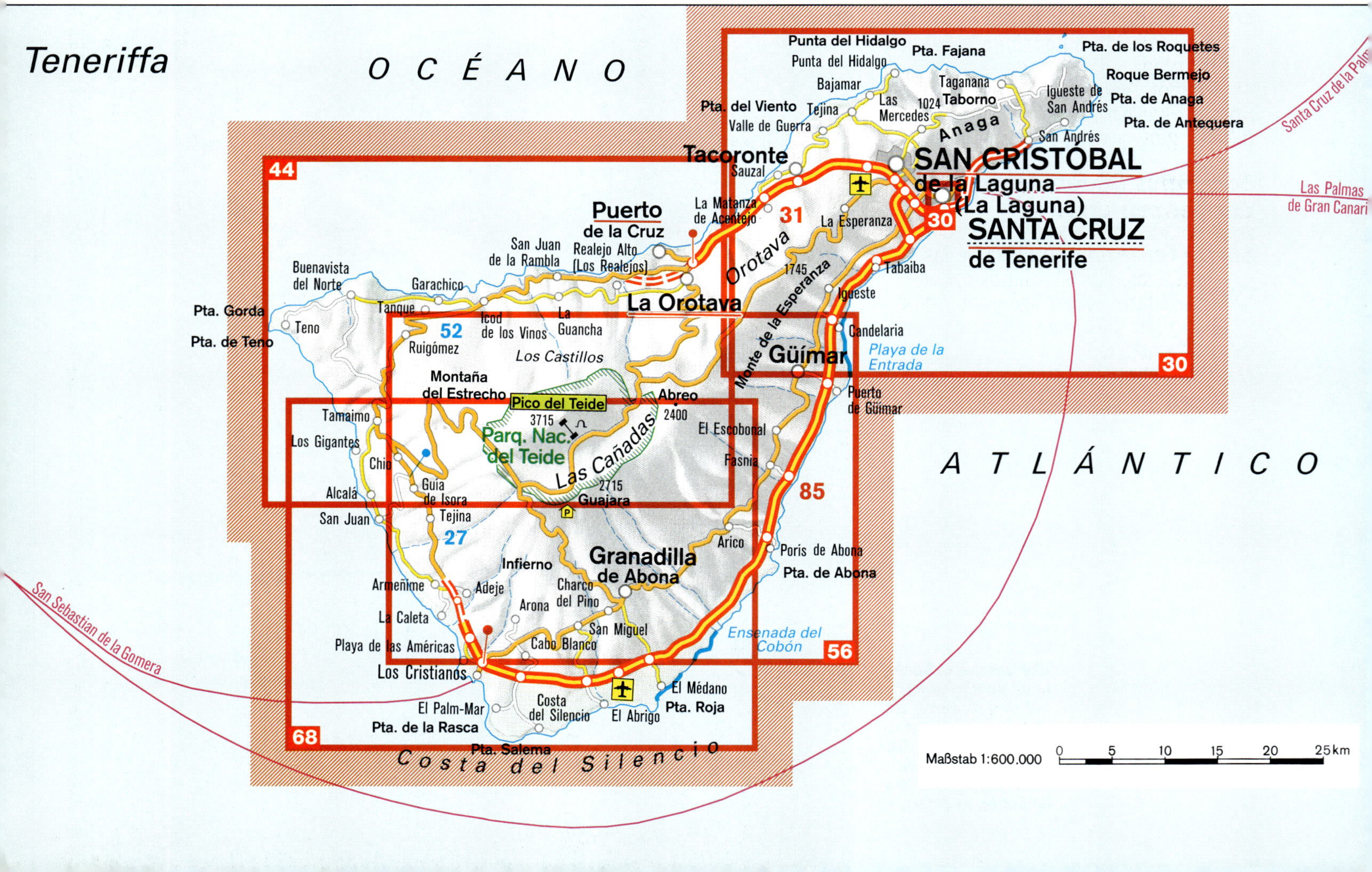

Teneriffa
OCÉANO
Punta del Hidalgo
Pta. Fajana
Pta. de los Roquetes
Roque Bermejo
Bajamar
Taganana
Pta. de Anaga
Pta. del Viento
Tejina
Las Mercedes
1024
Taborno
Igueste de San Andrés
Pta. de Antequera
Valle de Guerra
Anaga
San Andrés
Santa Cruz de la Palma
Tacoronte
SAN CRISTÓBAL de la Laguna (La Laguna)
Las Palmas de Gran Canaria
Sauzal
44
La Matanza de Acentejo
31
Puerto de la Cruz
La Esperanza
30
SANTA CRUZ de Tenerife
San Juan de la Rambla
Realejo Alto (Los Realejos)
Orotava
1745
Tabaiba
Buenavista del Norte
Garachico
Monte de la Esperanza
Igueste
Pta. Gorda
Tanque
La Orotava
Pta. de Teno
Teno
52
Icod de los Vinos
La Guancha
Candelaria
Ruigómez
Los Castillos
Güímar
Playa de la Entrada
Montaña del Estrecho
Pico del Teide
Abreo
2400
Puerto de Güímar
Tamaimo
3715
Los Gigantes
Parq. Nac. del Teide
El Escobonal
Las Cañadas
Fasnia
Chío
ATLÁNTICO
Alcalá
Guía de Isora
2715
Guajara
85
San Juan
Tejina
27
Granadilla de Abona
Arico
Infierno
Poris de Abona
Armeñime
Adeje
Charco del Pino
Pta. de Abona
Arona
San Sebastián de la Gomera
La Caleta
San Miguel
Ensenada del Cobón
56
Playa de las Américas
Cabo Blanco
Los Cristianos
El Médano
Costa del Silencio
El Palm-Mar
El Abrigo
Pta. Roja
Pta. de la Rasca
68
Pta. Salema
Costa del Silencio
Maßstab 1:600.000
0 5 10 15 20 25 km

Inhalt

Wie überall in Spanien, so wird auch auf den Kanaren oft und ausgiebig gefeiert. Viele Feste, hier in Realejo Alto auf Teneriffa, gelten den örtlichen Heiligen.

Wo Spanien den Himmel berührt

Regelrechte Mondlandschaften haben die Urgewalten der Vulkane, denen die Kanarischen Inseln ihre Entstehung verdanken, in der Umgebung des Teide auf Teneriffa geschaffen, des mit 3715 Metern höchsten Bergs Spaniens. Wanderer durchstreifen dort eine urweltliche, in allen nur denkbaren Schattierungen von Schwarz, Braun und Rot schimmernde Kraterlandschaft. Rund 20 000 Hektar dieser aus Schlacke, Asche und erstarrter Lava geformten Hochgebirgswelt genießen den Schutz eines Nationalparks.

Die bizarren Felsen Roques de Garcia stehen im Herzen des Nationalparks Las Cañadas. Im Hintergrund der schneebedeckte Teide, das Wahrzeichen Teneriffas.

Die kanarische Antwort auf Rio

Einmal im Jahr stürzt sich Santa Cruz, die Hauptstadt Teneriffas und der Westkanaren, in einen fulminanten Rausch aus schrillen Farben, schnellen Rhythmen und schwerem Wein. Es ist die Zeit des Karnevals: Zwei Wochen dauert er, vierzehn leidenschaftsvolle, ausgelassene, glücksbeschwingte Tage fernab des Alltags. Samba, Salsa und Rumba diktieren den Takt, in dem Tanzbeine hüpfen und Herzen schlagen.

Ihre Majestät lassen bitten ... In Kostümen, so schillernd und übernatürlich wie der Regenbogen und doch viele Kilo schwer, präsentieren sich die Kandidatinnen zur Wahl der Karnevalskönigin.

Badespaß und Sonne satt

In Puerto de la Cruz an der Nordküste Teneriffas steht die Wiege des Tourismus auf den Kanarischen Inseln. Schon gegen Ende des 19. Jahrhunderts fanden sich hier die ersten ausländischen Gäste ein, genossen das Meer, die Sonne, das rund ums Jahr milde atlantische Klima – und das süße Nichtstun. In den fünfziger Jahren des 20. Jahrhunderts wuchs am selben Ort eine hypermoderne, mit allem Komfort ausgestattete Urlauberstadt heran. Voilà – und trete ein, wem's gefällt.

Türkisfarbene Pools, sanft sich wiegende Palmwipfel: César Manriques Badelandschaft Lago de Martiánez läßt keinen Urlauberwunsch offen.

Aussichten am Ende Europas

Eine Insel am äußersten Rand der Alten Welt, weit draußen im Atlantik, näher am Wendekreis des Krebses als am spanischen Festland gelegen – das ist El Hierro, ›die Eiserne‹. Gerade einmal 280 Quadratkilometer groß und nur dünn besiedelt, gilt das vulkanische Eiland den einen als Ödnis am Rand der Zivilisation, den anderen als Fluchtburg der Stille und Gelassenheit. Gewiß ist: Wer den weiten Weg auf sich nimmt, wird genügend Ruhe finden, um abzuwägen, zu welcher Fraktion er gehört.

Wie ein gigantisches Felsenriff ragt Hierro aus dem Atlantik. Vom Mirador de la Peña, einem der vielen Aussichtspunkte der Insel, blickt man auf die spärlich besiedelte Küste hinab.

Alter Stolz, frisch aufpoliert

Als Cristóbal Colón alias Kolumbus vor reichlich fünfhundert Jahren jene ›Neue Welt‹ entdeckte, die er für Indien hielt, begann die große Zeit der kanarischen Häfen. Allen voran in Santa Cruz de la Palma, das den Glanz jener Tage sorgfältig bewahrt hat, trafen Abenteurer und Eroberer, Hasardeure und Gouverneure ein, um vor der Überfahrt nach Amerika Proviant zu bunkern. Auf dem Rückweg brachten sie Gold und Silber mit – und all die Legenden und Gerüchte, die so schnell verflogen wie der Traum von der besseren ›Neuen Welt‹.

Kunstvoll beschnitzte Balkone bezeugen den alten Reichtum, aber auch die große Traditionsverbundenheit. Kaum ein Ort der Kanaren besitzt ein ähnlich geschlossenes historisches Bild wie La Palmas Hauptstadt Santa Cruz.

Westkanaren kompakt:

Vier Inseln, vier Welten

›Die Blumige‹, ›die Vielseitige‹, ›die Grüne‹, ›die Eiserne‹, ›die Feurige‹ – wieviele Beinamen wurden schon erfunden für jede einzelne der Kanarischen Inseln? Und welche der ›sonnigen Sieben‹ ist die schönste? Auch die Wahl unter den nur vier hier vorgestellten Inseln fällt schwer, und natürlich hängt es von den eigenen Interessen ab, welcher man den Vorzug gibt.
Am meisten Abwechslung bietet Teneriffa, das mit rund 625 000 Einwohnern und 2034 Quadratkilometern kleiner als das Saarland ist, aber landschaftlich so vielgestaltig, daß es als ›Kontinent im Kleinen‹ bezeichnet wird. Wer aber Ruhe sucht, dem wird Teneriffa zu überlaufen sein: Die Insel besitzt zwei Charter-Flughäfen und mit Playa de las Américas/Los Cristianos die mit Abstand größte Urlaubersiedlung der westlichen Kanaren.
Stiller sind da alle drei Nachbarinseln: La Palma (726 Quadratkilometer, 86 000 Einwohner), das bei Wanderern beliebt ist, Gomera (378 Quadratkilometer, 17 000 Einwohner), das als ehemaliger Fluchtpunkt der alternativen Szene inzwischen ausgedient hat, und das winzige Hierro (278 Quadratkilometer, 7000 Einwohner), das nur 800 Gästebetten besitzt und die am dünnsten besiedelte Insel des Archipels ist.

Stets geschmückt: Ein Straßenaltar in La Orotava auf Teneriffa zeigt die große Bedeutung des christlichen Glaubens.

Es gibt keine Guanchen mehr

Obwohl viel näher an Afrika als am spanischen Festland gelegen, sind die Kanarischen Inseln durch und durch spanisch. In den Städten trifft man zwar auf afrikanische Händler, doch ansonsten dominieren spanische Sprache, spanisches Brauchtum und die katholische Religion. Als die Inseln im 15. Jahrhundert unter spanische Herrschaft gerieten, trafen die Eroberer zwar auf eine ursprünglich wohl aus Nordafrika eingewanderte Urbevölkerung – die Guanchen auf Teneriffa und Gomera, die Auaritas auf La Palma und die Bimbaches auf Hierro –, doch wurde diese schnell ausgerottet, versklavt oder durch Seuchen dezimiert. ›Es gibt keine Guanchen mehr‹, klagte Alexander von Humboldt schon im 18. Jahrhundert. Wer sich über ihre Kultur informieren will (mit Holz- und Steininstrumenten, Schmuck, eigener Schrift, eigenen Gottheiten und erstaunlichen Kenntnissen in der Mumifizierung von Toten), ist auf die Museen von Santa Cruz de Teneriffe oder La Orotava angewiesen. Doch auch einige Wohnhöhlen, Kult- und Begräbnisstätten mit Felszeichnungen sowie seit 1997 die Pyramiden von Güimar können besichtigt werden.

Große Zeit, vergangene Zeit

Die Eingliederung der Inseln in das spanische Reich fand fast gleichzeitig mit der Entdeckung Amerikas 1492 durch Kolumbus statt. Bei der zügig sich anschließenden überseeischen Expansion der Spanier konnten die Inseln dank ihrer strategisch nun plötzlich äußerst günstigen Lage eine entscheidende Rolle übernehmen. Mehr als ein Jahrhundert lang profitierten die Hafenstädte – die beiden Santa Cruz und San Sebastián – vom Handel mit den Kolonien, ehe Antwerpen und Sevilla zu den führenden Handelshäfen des Weltreichs avancierten. Doch La Palma und Teneriffa hatten Wein- und Zuckerrohranbau bereits zusätzlich Prosperität gebracht.

Zucker, Wein und Lippenstifte

Mit Wein und Zuckerrohr begann die Landwirtschaft – und war seit dem 18. Jahrhundert stets von Krise bedroht. In Kriegszeiten brach der Weinexport nach England ab, und kanarisches Zuckerrohr konnte nicht mehr gegen die Konkurrenz aus Amerika bestehen. Denn auf den Plantagen in Übersee setzten Portugiesen, Engländer und Franzosen skrupellos Sklaven ein – auf den Kanaren, näher an Europa, haben die Spanier dies nie übernommen, jedenfalls nicht im großen Stil.
So wurde für eine gewisse Zeit die wohl schon von Phöniziern auf den Kanaren betriebene Zucht der Cochenille-Laus wiederbelebt. Aus ihr gewann man den roten Farbstoff Karmin – u.a. für Wermut und Lippenstifte –, doch am Ende des 19. Jahrhundert verlor auch dieser Wirtschaftszweig mit der Entdeckung der Anilinfarben seine Bedeutung. Außer auf Hierro begann nun die große Zeit der Bananen in riesigen Monokulturen.

Exotisch wie die Frucht: Da auch die Blüte der Bananenstaude bewundernswert ist, findet man sie auch in den Botanischen Gärten.

Geplagte Banane, …

Doch auch der Bananenanbau, der heute nach wie vor auf Teneriffa, La Palma und Gomera verbreitet ist, geriet in eine schwere Krise, ausgelöst durch die Liberalisierung der europäischen Märkte. Bananen werden – wie zuvor Zuckerrohr – heute u. a. dank niedrigerer Arbeitslöhne kostengünstiger aus Mittel- und Südamerika nach Europa geliefert.
So bemühen sich die kanarischen Landwirte erneut um Alternativen. Neue Chancen versprechen die Zucht und der Export von Tomaten, Avocados, Schnittblumen, Ananas oder Kartoffeln. Die Umstellung auf neue Kulturen erfordert allerdings Zeit, außerdem sind die Kanarischen Inseln durch die große Entfernung von den mittel- und nordeuropäischen Märkten gegenüber den Konkurrenten benachteiligt.
Stark rückläufig sind auch der Fischfang, teilweise auch die Zucht von Ziegen zur Herstellung von Käse. Wenig rosig erscheint die Zukunft vor allem für kleinere Produzenten; einzig in der Herstellung von Wein gelingt es einzelnen, durch Qualität zu überzeugen und kleine Nischen zu besetzen.

… geliebter Tourismus

Die größten Zuwachsraten erwirtschaften indessen die Bauwirtschaft und der Tourismus. In besonderem Maße gilt das für Teneriffa, wo der Fremdenverkehr bereits um die Mitte des 19. Jahrhunderts begann (Puerto de la Cruz) und wo die direkten und indirekten Einkünfte aus dem Fremdenverkehr heute auf gut ein Drittel des Gesamteinkommens geschätzt werden.

Land, Wirtschaft, Kultur

Demgegenüber erzielen die Sektoren Handel und Transport – die Leistungen der drei großen Häfen eingeschlossen – rund 25 Prozent, Industrie und Bauwirtschaft jeweils etwa 10 Prozent und Landwirtschaft und Fischfang je rund 5 Prozent. Daß genauere Zahlen nicht vorliegen, hat mit saisonalen Schwankungen – die Arbeitslosigkeit liegt zu manchen Zeiten deutlich über 20 Prozent – ebenso wie mit lokalen Besonderheiten zu tun: Auf La Palma boomt das Tourismus-Geschäft erst seit der Fertigstellung des Flughafens in den 1980er Jahren. Auf Gomera hingegen (wo der Flughafenbau sich seit Jahren hinauszögert) und Hierro (dessen Landebahn nur für Kleinflugzeuge reicht) ist der Tourismus im Umfang – noch – weit geringer als auf den Nachbarinseln.

Handgewebtes aus Hierro: In der Ortschaft Pozo de la Salud wird noch nach traditionellen Vorlagen und Verfahren gearbeitet.

Die achte Kanareninsel

Ob Tinerfeños, Palmeros, Gomeros oder Herreños, die Kanarier empfinden stets eine starke Identifikation mit ihrer jeweiligen Heimatinsel und den eigenen Festen und Schutzheiligen, den Weinen und Käsesorten, den Gesängen, landschaftlichen Besonderheiten oder den jeweiligen Mannschaften im Fußball oder dem Kanarischen Ringkampf (Lucha canaria).

Fast allen gemeinsam ist eine besondere Verbindung zu Mittel- und Südamerika, vor allem zu Venezuela und Kuba. Viele Canarios wanderten im 19. Jahrhundert dorthin aus, viele folgten ihnen zur Zeit der Franco-Diktatur ab den 1930er Jahren, als die Madrider Zentralregierung ihre entlegensten Provinzen besonders vernachlässigte, ihnen jedes Autonomiestreben aber zugleich rigoros untersagte. In Amerika suchten die Canarios daher nach neuer Arbeit und fanden sie in der Erdölproduktion (Venezuela) oder der Tabakwirtschaft (Kuba, Dominikanische Republik). Manche kehrten später mit einem kleinen Vermögen auf ihre Heimatinsel zurück und gründeten dort eine neue Existenz in Tourismus, Gastronomie oder Landwirtschaft. Viele Canarios aber leben noch heute in Lateinamerika und besuchen von Zeit zu Zeit ihre Verwandten auf den Kanarischen Inseln. In manchen Zeitungen wird Venezuela gar als ›achte Kanareninsel‹ bezeichnet, über die mit entsprechender Regelmäßigkeit berichtet wird.

Festkultur und Brauchtum

Die meisten kanarischen Feste haben ihre Wurzeln im christlichen Glauben. Jedes Dorf ehrt seine Schutzheiligen an den entsprechenden Jahrestagen durch ein volkstümliches Fest, bei dem sich Ritus und weltliche Vergnügungen mischen. Andere Feste gelten historischen Anlässen oder solchen, die mit der Fischerei, der Wein- oder Kastanienernte, der Mandelblüte oder der Viehzucht zusammenhängen. Immer dabei sind die von der Musik der ›Timples‹ (Gitarren) begleiteten Tänze, die ›Isas‹ und ›Folias‹. In La Orotava wird Fronleichnam, in Santa Cruz de Tenerife der Karneval besonders pompös begangen.

Durch den Tourismus hat auch das Kunsthandwerk neue Impulse erhalten. Keramikerzeugnisse werden wieder nach altkanarischen Vorlagen gefertigt, verbreitet ist auch wieder die Herstellung von Spitze und Hohlsaumstickereien, Flechtarbeiten aus Palmstroh oder Binsen, Holzschnitzereien, Lederarbeiten, Messern und Schmuck. Auf La Palma werden noch in geringem Umfang Seidenerzeugnisse gefertigt, ein beliebtes Souvenir sind auch handgedrehte La-Palma-Zigarren.

Traditionsrezepte im Aufwind

Die kanarische Küche, die in ihren Grundstrukturen immer bäurisch-derb geblieben ist, erfreut sich ebenfalls wieder wachsender Wertschätzung: Traditionelles wie der Eintopf ›Puchero canario‹, wie Kaninchen- (›conejo‹), Hähnchen- (›pollo‹) und Ziegenfleischgerichte (›cabra‹ oder ›cabrito‹, d.h. Lamm), wird auch in den besseren, auf internationale Klientel ausgerichteten Restaurants wieder angeboten. Fast überall serviert man ›Papas arrugadas‹, ›runzlige‹, mit Schale und Salzkruste zu essende Kartoffeln in scharfer brauner Soße (›mojo‹) als Beilage. Kulinarische Höhenflüge gelingen den Köchen mit den Tieren des Meeres: Papageienfisch, Seezunge, Languste, Muräne und diverse Brassenarten werden fangfrisch zubereitet; herzhaft ist der ›Sancocho canario‹, mit Kartoffeln gekochter Fisch in pikanter Soße. Berühmt, fast berüchtigt ist ›Gofio‹, das geröstete Weizen-, Mais- oder Gerstenmehl der Guanchen, das oft als Armenbrot oder ›kanarischer Beton‹ verspottet wurde und in Suppen, Eintöpfen und Gebäck verwendet wird. Traditionelle Nachspeisen sind ›Quesadillas‹ (Käsestückchen) und ›Mazapán‹ (Marzipan).

Gofio, das schon den Guanchen bekannte traditionelle Grundnahrungsmittel, wird aus Weizen, Gerste oder Mais gemahlen.

Reichtum an Pflanzen

Die isolierte Lage des Archipels hat dazu geführt, daß viele Pflanzenarten überdauert haben, die nirgends sonst auf der Welt noch vorkommen: Endemiten machen je nach Insel bis zu 50 Prozent der Arten aus. Viele von ihnen kann man mit ungezählten Kakteen, Palmen und Orchideen nur in den – hervorragenden – Botanischen Gärten studieren, aber auch auf Wanderungen in den geschützten Landschaften der Inseln, darunter drei Nationalparks. Botanische Sensationen etwa sind Kanarische Kiefer (Teneriffa, La Palma), Phönizischer Wacholder (Hierro), die immergrünen Lorbeerwälder (La Palma, Gomera) und vor allem der oft jahrhundertealte Drachenbaum (besonders La Palma), der schon die Altkanarier bezauberte. Und wer Meere von Dattelpalmen bestaunen möchte, der begibt sich nach Gomera ins Valle Gran Rey …

Aus 600 Metern Höhe geht es über Stock und Stein durch eine spektakuläre Schlucht hinab zum Meer: Masca auf Teneriffa.

Rund um die Plaza de España feiert Santa Cruz zwei Wochen lang seinen Karneval – bis zum Umfallen, wenn es sein muß.

Eine Hauptstadt mit Schwung wie Santa Cruz

Viele Städte auf den Kanarischen Inseln haben sich mit Haut und Haaren dem Fremdenverkehr verschrieben – nicht so Santa Cruz, Teneriffas Hauptstadt. Von Einrichtungen für den Badetourismus war hier nie die Rede, denn die ›Stadt des Heiligen Kreuzes‹ ist und bleibt eine Hafenstadt. Hier wird regiert, verhandelt, verschifft und verkauft, und auf ihren Fleiß und ihre Emsigkeit sind die Hauptstädter mit Recht stolz. Und daß man sich mit halben Sachen nicht zufrieden gibt, zeigt man selbst beim Feiern sehr überzeugend.

△ Das Bild der Hauptstadt Santa Cruz: dichte Bebauung bis hinab an den Passagier- und Frachthafen

Frisches Obst gefällig? Samstags in der Markthalle ▽

Auch am Abend belebt: Einkaufsstraßen in der Altstadt ▽

△ Acht Stunden bis La Palma, vier bis Gran Canaria: Ein Fährschiff verläßt Santa Cruz

Junge Hauptstädter ▽

Wappne sich gut, wer von den Ferienzentren der Nord- oder Südküste aufbricht, um einen Ausflug in die Inselhauptstadt zu unternehmen: Santa Cruz empfängt den Urlauber nicht gerade mit offenen Armen. Diese Stadt ist eine Verwaltungs- und Einkaufsmetropole mit entsprechender Atmosphäre. Auf kleiner Fläche ist sie zwischen Bergen und Meer eingezwängt, und der dichte, an Werktagen meist hektische Verkehr verspricht alles andere als Erholung.

Unangenehm muß solche Geschäftigkeit jedoch nicht sein. Im Gedränge des Mercado Nuestra Señora de Africa kann man sich sogar wohlfühlen. Allmorgendlich wird dort ein volkstümlicher Markt inszeniert, der in seiner Quirligkeit einem orientalischen Bazar ähnlich ist.

Spaniens Hafen zur Welt

Santa Cruz ist die nach Las Palmas de Gran Canaria zweitgrößte Stadt der Kanaren. Ihre Bedeutung verdankt sie in erster Linie dem Handelshafen, dessen Anfänge bereits im frühen 16. Jahrhundert zu suchen sind. Soeben hatte ein Abenteurer aus Genua mit Namen Kolumbus für Spanien die ›Neue Welt‹ entdeckt, und für die schon bald regelmäßig zwischen den Kontinenten verkehrenden Galeonen war Santa Cruz der ideal gelegene Zwischenstopp, an dem Frischwasser und Proviant gebunkert werden konnten.

Doch war der Aufstieg schwer. Lange gaben Spaniens Könige der Hauptstadt der Nachbarinsel La Palma, ebenfalls Santa Cruz mit Namen, den Vorzug. Selbst auf die Ernennung zur Hauptstadt mußte das tinerfeñische Santa Cruz fast ein Vierteljahrhundert warten: Bis 1723 trug das landeinwärts gelegene La Laguna den Ehrentitel.

Im 18. und 19. Jahrhundert jedoch, als es zudem gelang, drei Großangriffe britischer Flottenverbände unter den Admirälen Blake, Jennings und Nelson abzuwehren, hatte Santa Cruz sich endgültig durchgesetzt. Voller Stolz zeigt man heute in der alten Festung die Kanone ›El Tigre‹, mit der Lord Nelson, dem Sieger von Trafalgar, im Jahr 1797 – angeblich – der rechte Arm abgeschossen wurde.

△ Die Hauptkirche von Santa Cruz, die Iglesia de la Concepción, … … besitzt einen prachtvollen vergoldeten Altar ▽

△ Nicht jedermanns Geschmack: Skulptur im Stadtpark

△ Verschnaufpause im Stadtpark

Krieg und Frieden und wie sie sich bedingen: Besuch im Miltärmuseum von Santa Cruz ▽

Sogar das Stadtwappen erinnert an die Siege gegen die Briten: Drei Löwenköpfe zieren es, Symbol für die drei abgewehrten Attacken.
Heute ist Santa Cruz einer der großen Häfen Spaniens, ein moderner Containerhafen, in dem pro Jahr rund zwölf Millionen Tonnen umgeschlagen werden. Bedeutend ist der Handel mit Afrika, exportiert werden Bananen, Erdölprodukte, Bimsstein, Zement und Fisch. In jüngerer Zeit hat auch der Passagier- und Fährhafen eine wichtige Rolle übernommen: Santa Cruz hat sich zum beliebten Kreuzfahrtziel entwickelt.

Das Schicksal der Guanchen

Allzuoft wird vergesssen: Die Spanier, die Santa Cruz und alle anderen Häfen der Kanaren begründet und ausgebaut haben, fanden die Inseln keineswegs menschenleer vor. Vor ihnen besaßen die Guanchen, die kanarischen Ureinwohner, das Land. ›Tener if‹, ›weißer Berg‹, nannten sie die Insel bereits, und entgegen den Berichten der Eroberer verfügten sie über eine hochentwickelte Kultur. Wer erfahren möchte, wie Wirtschaft und Kultur zu ihrer Zeit organisiert waren, darf in Santa Cruz das Museo del Hombre y de la Naturaleza nicht versäumen.
Die Guanchen, deren genaue Herkunft bis heute umstritten ist, lebten in Höhlen, mumifizierten ihre Toten und waren in Gemeinwesen organisiert, die hohen und niederen Adel ebenso kannten wie die Stände der Hirten, Jäger und Bauern. Auch über eine eigene, bis heute nicht ganz enträtselte Schrift verfügten sie. Metalle waren ihnen noch unbekannt, doch besaßen sie aus Stein, Holz, Ziegenhorn und Ton gefertigte Werkzeuge, mit deren Hilfe sie Erstaunliches leisteten. Mit Kanälen bewässerten sie Felder, auf denen Gerste, Weizen und Hülsenfrüchte wuchsen; außerdem wurden Ziegen, Schafe und Schweine gezüchtet, die Käse und Milch sowie Fett, Fleisch und Felle lieferten. Jagdbeuten und die Beeren und Pilze des Waldes vervollständigten den Speiseplan.

Sieg der spanischen Krone

Die Conquista begann 1494 mit der Landung eines Trupps spanischer Söldner unter Führung des

△ Zwischen Felsen und Meer: das Dorf El Pris …

… und seine Männerrunde ▽

Auch Spanien hat seine Blasmusik: Maifest in der Universitätsstadt La Laguna ▽

△ Einziger Sandstrand im Norden: Las Teresitas

In kühnen Schleifen ins ›Land der Felsen‹: die Bergstraße nach Taganana ▽

Abenteurers Alonso Fernández de Lugo. Zwei Jahre wehrten sich die Guanchen gegen die Übermacht, doch im Dezember 1495 erlitten sie die entscheidende Niederlage. Streit der ›Menceys‹, der Guanchen-Fürsten, untereinander erleichterte den Spaniern die Unterwerfung. Neun ›Menceyatos‹, wie man die Guanchen-Reiche nennt, gab es damals auf Teneriffa. Daß sie sich nicht verbündeten, hat zu ihrem Untergang ebenso beigetragen wie von den Spaniern eingeschleppte Seuchen. Der rätselhaften ›Modorra‹ – vielleicht die Pest, vielleicht die Cholera – fielen auf Gran Canaria zwei Drittel der Urbevölkerung zum Opfer.

La Laguna, Stadt der Studenten

La Laguna, im Jahr eins nach der spanischen Eroberung im Schachbrettmuster angelegt, zügig ausgebaut, befestigt und zur Hauptstadt Teneriffas ernannt, mußte, wie schon berichtet, den Regierungssitz 1723 an Santa Cruz abgeben. Doch für Kompensation war längst gesorgt: 1710 war die Universität gegründet worden, die älteste, lange einzige und bis heute angesehenste der Kanaren. Mit rund 25000 Studierenden ist sie von beachtlicher Größe. Was das bedeutet, erlebt man während der Semesterferien – dann wirkt La Laguna wie ausgestorben und bleibt den wenigen Besuchern der altehrwürdigen Kathedrale überlassen – und unter umgekehrten Vorzeichen am Wochenende: Dann schallt Musik aus allen Kneipen und Diskos der Altstadt, drängen sich die Schönen der Nacht auf den Straßen und Plätzen ... Die ›Estudiantes‹ feiern ihre Fiesta des Flirts.

Freizeitoasen der Metropole

Hinsichtlich der Anzahl der Diskotheken mag La Laguna Santa Cruz überlegen sein – daß in keiner Stadt mit rund ums Jahr mildem Klima nur gearbeitet wird, gilt gleichwohl für Santa Cruz ebenso: Vor allem am Abend stellen die Hauptstädter gern ihren ausgeprägten Sinn für Geselligkeit unter Beweis. Dann sind alle Plätze, Alleen und Parks belebt, und die Rambla del General Franco, ein breiter, von Terrassencafés gesäumter Boulevard, verwandelt sich in den Salon der Stadt.

△ Karneval in Santa Cruz: Beim Straßenumzug ziehen die Clowns die Blicke auf sich, ...

Kleiner Narr, ganz groß ▽

... die am Abend den Tänzerinnen gehören ▽

△ Achtung, ansteckend: Spontaneität ist beim Karneval gefragt

Wird sie ›La Reina‹? Bewerberin um die Königskrone ▽

Zwischen originellen Skulpturen und im Schatten Indischer Lorbeerbäume absolviert man dort seinen ›Paseo‹, den abendlichen Spaziergang.
Wer erleben möchte, wie beschwingt die Hauptstädter sein können, der fädele sich gegen Feierabend auf diesem ›Broadway‹ von Santa Cruz ein. Wer es ruhiger mag, begibt sich zum ganz in der Nähe gelegenen Stadtpark García Sanabria. Hier wandeln verliebte Pärchen händchenhaltend zwischen duftenden Rosen, drehen Herr und Hund ihre Runden, während eine junge Frau in ein Buch vertieft unter Araukarien, Tamarinden, Flamboyant- und Jacaranda-Bäumen schlendert und die Kinder zwischen Denkmälern und Wasserspielen tollen, zwischen Pandanuß und Hibiskus, Rosen und Palmen – mitten in der Stadt.

König Karneval regiert …

Unterhaltung und volkstümliche Vergnügungen gönnt man sich in Santa Cruz rund ums Jahr. Ausgiebig werden Maifest, Fronleichnam und Dreikönigstag begangen, und echte Begeisterung kommt auf, wenn im Estadio López der CD Tenerife, das heimische Fußballteam, spielt. Doch all das ist nichts gegen den Karneval, die ›kanarische Antwort auf Rio‹.
Das ist keine Übertreibung. Nirgends in Europa wird der Karneval mit derart grandiosen Kostümen inszeniert, wie sie bei der Kür der Karnevalskönigin in Santa Cruz zu bestaunen sind. Nirgends ist die Leidenschaft der Akteure – die sich wie am Zuckerhut ›Cariocas‹ nennen – ähnlich groß wie hier. Und nirgends scheinen Samba, Rumba und Salsa die Menschen ähnlich um den Verstand zu bringen wie an diesen wilden Tagen in Santa Cruz. Nirgends – außer in Rio natürlich.

… bis zum Tod der Sardine

Über zwei Wochen dauert das Spektakel, das jedes Jahr unter einem anderen Motto steht. Vom Kinderkarneval über die ersten Umzüge und diversen Bälle – auch ein Maskenball gehört dazu – steuert alles auf den Karnevalsdienstag zu, wenn der kilometerlange Umzug, angeführt von ›La Reina‹, der tags zuvor gekürten Karnevalskönigin in

△ *Tacorontes Stolz: die Weine der Region, …*

… Spitzenrestaurants wie das ›Mesón El Drago‹ … ▽

△ *… und würzige Käsesorten, dargeboten auf dem Bauernmarkt*

△ Felipe Monje aus El Sauzal ist einer der erfolgreichsten Winzer der Region

Zeit für ein Ständchen: ›Bar Playa‹ in Taganana ▽

Typisch La Laguna: Nicht nur am Wochenende sind die Studentenkneipen voll besetzt ▽

ihrem schier unglaublichen Prachtkostüm, Santa Cruz verzaubert. In diesen Stunden atmet die Stadt Musik. Alles ist Rhythmus, Farbe, Überschwang – und mancher erlebt den Abend nicht mehr im Vollbesitz seiner Kräfte, wenn über der Stadt das Feuerwerk explodiert, wenn die rauschenden Bälle beginnen, die den Tag der Tage beenden.

Doch noch ist die tolle Zeit nicht vorbei. Es gilt noch, die Sardine zu beerdigen, Symbol für die fetten, ausschweifenden Tage. Unter lautem Wehklagen zieht die in Trauerkleidung gewandete Menge am Aschermittwoch durch Santa Cruz, geführt von ›La Reina‹ und den Honoratioren der Stadt. Ziel ist die Plaza de España: Unter markerschütterndem Geheul und Gestöhne wird dort ein riesiger Pappmaché-Fisch den Flammen übergeben. Da brennt sie dahin, die Sardine. Vorbei der Karneval, die satten Bäuche und das tolle Treiben – die Fastenzeit beginnt.

Feine Weine aus Tacoronte

In La Laguna trennen sich die Wege: Wer den gebirgigen Norden Teneriffas erkunden will, begibt sich auf kurvenreicher Straße zur Ermita Cruz del Carmen, wo man auf die grünen Flanken des Anaga-Gebirges blickt, und weiter nach Taganana an der Küste, ins ›Land der Felsen‹. Hier kann man wandern oder in die Pedale treten, fischen oder schwimmen – Outdoor-Fans werden sich wohlfühlen.

Mit ganz anderen Genüssen lockt das Land im Westen: Der überschaubare Flecken Tacoronte ist Mittelpunkt eines der prominentesten Weinbaugebiete auf Teneriffa. Seit 1992 sind die Tropfen der Region auch durch eine amtliche Herkunftsbezeichnung, ›D.O. Tacoronte-Acentejo‹, geschützt. Kleine Winzer mit nur wenigen Hektar Rebfläche prägen das Gebiet; viele sind Feierabendwinzer, aber deshalb nicht weniger ambitioniert. Hergestellt werden vornehmlich leichte, fruchtbetonte, junge – also meist nicht faßgereifte – Rot- und Weißweine, die kaum exportiert, sondern großteils an die Restaurants der Insel verkauft werden. Die besten Tropfen sind daher oft schon wenige Monate nach der Flaschenabfüllung ausverkauft.

Teneriffa
Las Montañas de Anaga
Santa Cruz de Tenerife
SANTA CRUZ DE TENERIFE
LA LAGUNA
San Cristóbal de
Santa Cruz (La Palma), Funchal (Madeira)
Gomera
Arrecife (Lanzarote), Pto. Rosario (Fuerteventura)
Las Palmas (Gran Canaria), Cádiz
Punta del Hidalgo
Punta de Anaga
Ensenada de Zapata
Roque de Fuera
Roque de Tierra
Punta de los Roquetes
Roque Bermejo
Punta del Jurado
Playa del Junquillo
Faro de Anaga
Casas Blancas
Las Palmas
El Draguillo
Cabezo del Tejo
Benijo
Almáciga
Taganana
Chinobre
El Bailadero
Pico de Limante
Playa de Anosma
Playa de Ijuana
Punta de Antequera
Playa de Antequera
Semáforo
El Roquete
Igueste
San Andrés
Playa de las Teresitas
Playa de las Gaviotas
Roque Chiguel
Valle Crispín
Valle Grande
Bufadero
Cueva Bermeja
Valle Seco
Ramonal
Dársena Pesquera
Dique del Este
Real club náutico
Muelle Sur
Nueva Dársena del Sur
Barrio de Chamberí
Hoya Fría
Playa del Muerto
Santa María del Mar
Sta. María del Mar
Tabaiba
Radazul
Playa de la Nea
Puerto deportivo
Barranco Hondo
Bco. Hondo
Autopista del Sur
Las Caletillas
Las Caletinas
Playa de las Caletas
Las Arenitas
Playa de las Arenas
Candelaria
Club náutico la Galera
Basílica
Playa de Samarines
Playa de la Vinda
Playa de Lima
El Socorro
Playa de la Entrada
Punta de la Cruz
Güímar
Arafo
Araya
Malpaís
Las Cuevecitas
Igueste
Carretera del Sur
Playa del Tachero
Punta Poyata
Playa de Tamadite
Punta Tamadite
Punta Fajana
Baja de la Caleta
Punta del Frontón
Playa de los Troches
Punta del Hidalgo
Bajamar
Piscinas naturales
Punta Gotera
Caleta del Arco
Punta del Fraile
Tejina
Tegueste
Valle de Guerra
Punta del Jurado
Punta del Viento
El Pris (Prix)
Mesa del Mar
Bahía de la Garanona
Tacoronte
Sauzal
Punta del Puerto
Punta Pesquero Alto
Caleta Salvaje
El Caletón
Punta de Juan Blas
Punta del Sol
Caleta de la Negra
La Matanza de Acentejo
La Victoria de Acentejo
Agua García
Guamasa
Autopista del Norte
Aeropuerto de Tenerife Los Rodeos
Carretera Dorsal
La Esperanza (El Rosario)
Bosque de la Esperanza
Mirador Pico de las Flores
El Diablillo (1600m.)
Mirador Ayosa (2000m.)
Las Mercedes
Pico del Inglés
Mirador Pico del Inglés
Panorama
Ermita Cruz del Carmen
Roque de la Fortaleza
Taborno
Las Carboneras
Pedro Álvarez
La Concepción
Catedral
El Drago
La Higuerita
La Cuesta
Taco
Vista Bella
Salud
El Tablero
Barranco Grande
Los Baldíos

Wo gibt es was?

Nadel-/Fähnchennummer = Textnummer ❶ = Auskunft

Santa Cruz de Tenerife ①–⑧

Teneriffas größte Stadt (220 000 Einw.), 1494 von Alonso de Lugo gegründet, seit 1723 Inselhauptstadt, ist das Verwaltungs- und Wirtschaftszentrum der westlichen Kanaren (seit 1982 mit Las Palmas de Gran Canaria gleichberechtigte Hauptstadt des Kanaren-Archipels). Bedeutend ist der Fähr- und Kreuzfahrthafen; der Containerhafen ist einer der wichtigsten Spaniens. Von ihrem traditionellen Flair hat Santa Cruz sich viel bewahrt; Touristen besuchen die Stadt meist auf Tagesausflügen. Aus allen Nähten platzt Santa Cruz zur Zeit des Karnevals; nirgends auf den Kanaren wird er so ausgiebig gefeiert wie hier.

Sehenswürdigkeiten: Direkt am Binnenhafen liegt die **Plaza de España** ①. In ihrer Mitte ein Denkmal für die Gefallenen des Spanischen Bürgerkriegs; dahinter der Sitz der Inselregierung (*Cabildo Insular)*. Angrenzend die nach der Patronin der Kanaren (Denkmal mit vier Guanchenkönigen in der Platzmitte) benannte *Plaza de la Candelaria*; hier beginnt die Fußgängerzone. Im Westen der Stadt die von Cafés und Tulpenbäumen gesäumte Flaniermeile *Rambla del General Franco;* angrenzend der **Parque García Sanabria** ② mit schönen Pflanzen und Brunnenanlagen.

Der wichtigste Sakralbau, die fünfschiffige Kirche **Nuestra Señora de la Concepción** ③ (1502; nach Brand 1652 wiedererichtet), birgt das Holzkreuz, von dem der Name der Stadt abgeleitet ist. Außerdem Standarten aus der Schlacht gegen Admiral Nelson, der bei seinem Angriff auf Teneriffa 1797 seinen rechten Arm verlor. In der Barockkirche **San Francisco** ④ (17. Jh.) kostbare Altaraufsätze und eine Ecce-Homo-Figur, die am Dienstag der Karwoche durch die Straßen getragen wird.

Ein Erlebnis ist der südlich des Flusses (Barranco de Santos) gelegene **Mercado de Nuestra Señora de África** ⑤, in dem Lebensmittel, aber auch Haushaltswaren und Haustiere angeboten werden (mo–sa 7–15 Uhr; Flohmarkt so 7–15 Uhr in der nahen Calle J. M. Guimerá). Der Bau mit rundem Torbogen und Uhrturm entstand in den 1940ern; es verbindet kanarische mit maurisch-andalusischen Elementen.

Museen: *Museo del Hombre y de la Naturaleza* ⑥, Sammlung zur Natur- und Kulturgeschichte der Insel mit vielen Funden aus der Guanchen-Zeit, darunter einige Mumien (di–sa 10–17, so 10–14 Uhr). Im *Castillo de Paso Alto* ⑦, der alten Stadtfestung, ein *Militärmuseum* mit Uniformen, Schiffsmodellen usw. sowie der Kanone ›El Tigre‹, durch die Nelson angeblich seinen Arm verlor (di–so 10–14 Uhr). Im *Museo de Bellas Artes* ⑧ kanarische Malerei des 17. bis 20. Jh. (u. a. César Manrique), außerdem Werke von Brueghel, Ribera u. a. (Winter mo–fr 10–19.45, Sommer mo–fr 10 bis 13.45, 14.30–18.45 Uhr).

Veranstaltungen: Reyes Magos (Dreikönigsfest) mit Auftritt der Hll. Drei Könige (5./6. Jan.); Karneval (Febr./März); Fiesta de Mayo (ab 2. Mai); Corpus Cristi (Fronleichnam; Mai od. Juni); ›Conmemoración Batalla Nelson‹ zum Gedenken an den Sieg über Nelson 1797 (25. Juli).

Einkaufen: Geschäfte an der Calle del Castillo; Lebensmittel u.v.m. in der Markthalle.

Nachtleben: Pubs ›Manhattan‹ und ›Tasca Tosca‹; Großdisco ›KU‹ (Av. de Anaga).

Aktivitäten: Segelschule; Schiffsausflug nach Gran Canaria (2 Std.). Zum Baden fährt man zur ca. 2 km langen *Playa de las Teresitas* (8 km nördl., bei *San Andrés*), deren Sand aus der Sahara geholt wurde. Weniger bevölkert ist der (FKK-)Strand *Playa de Antequera* (13 km nördl.).

❶ Info-Büro an der Plaza de España (im Gebäude der Inselregierung); Tel. 22/605590.

La Laguna ⑨

Zweitgrößte Stadt (118 000 Einw.) Teneriffas, 1496 von de Lugo gegründet, bis 1723 Inselhauptstadt, wegen der traditionsreichen Universität (25 000 Studenten) auch ›kanarisches Oxford‹ genannt.

Sehenswert ist die Kathedrale Nuestra Señora de los Remedios (16. Jh. und später); innen kunstvoller Tabernakel (1795) von J. L. Pérez, eine Holzstatue der Patronin (16. Jh.) und Barockgemälde. Die mit schönen Schnitzwerken (Kanzel, Decke) ausgestattete Kirche Nuestra Señora de la Concepción (1496) gilt als älteste Kirche der Insel. Zu ihren Schätzen zählen ein Taufbecken mit andalusischer Keramik und ein Bildnis des Apostels Johannes, das 1648 Blut geschwitzt haben soll. Der siebenstöckige Glockenturm ist Wahrzeichen der Stadt. In der Altstadt (C. San Agustín) Paläste und Bürgerhäuser (Casa Salazar, Casa Lercaro) aus dem 16. bis 18. Jh.

Museen: In der Casa Lercaro (16. Jh.) das neue Museo de la Historia de Tenerife (C. San Agustín 22, di–sa 10–17, so 10–14 Uhr). Wissenschaftsgeschichte vom Lügendetektor bis zum Planetarium dokumentiert das Museo de la Ciencia y del Cosmos (Via Láctea, di–sa 10–20 Uhr.

Markt: Plaza del Adelantado (tgl. 7–14 Uhr).

Nachtleben: Keller-Pub ›La Parranda‹, Studenten-Disco ›Sketch‹, Jazz-Lokal ›Buho‹.

Aktivitäten: Golf (18-Loch-Anlage El Peñón in Guamasa, nahe Nordflughafen); Reiten (Club Hípico La Atalaya); organisierte Wanderungen (Firma ›Turgayte‹).

Veranstaltungen: Fiesta de San Antonio (17. Jan.); Fiesta de San Benito (2. März); spektakuläre Prozessionen in der Karwoche; Romería de San Benito Abad mit Beteiligung der Studenten (1. So im Juli); Fiesta del Santísimo Cristo mit Feuerwerk und Prozession (14. Sept.).

Umgebung: Südwärts biegt die *Carretera dorsal* (N-824) auf dem Rücken (span. dorso) des Gebirgszugs Richtung Nationalpark Las Cañadas ab. Südlich von La Esperanza der *Bosque de Esperanza*, ein Wald mit mächtigen Kanarischen Kiefern. Beiderseits der Straße Aussichtspunkte (Ortuño, Las Cumbres, Montaña de la Crucita) mit Blicken bis zur Nord- und Ostküste.

Anaga-Gebirge ⑩–⑪

Von La Laguna führt eine atemberaubende Strecke durch die Anaga-Berge nach Norden, vorbei am *Monte de las Mercedes* (750 m; mit Baumheide- und Lorbeerwald), der **Ermita Cruz del Carmen** ⑩ (mit kleinem Infozentrum) und dem *Mirador Pico del Inglés* zur Paßhöhe *El Bailadero* (ca. 850 m), dem ›Tanzplatz‹ der Hexen. Dort geht es weiter zum hübschen **Taganana** ⑪ (›Land der Felsen‹ in der Guanchen-Sprache), ehemals Zentrum des Weinanbaus an den Steilhängen der Umgebung.

Aktivitäten: Wanderungen ab Taganana ins Gebirge oder längs der zerklüfteten Küste. Das Schwimmen an der *Playa de Benijo* (3 km nördl.) ist wegen starker Unterströmungen manchmal riskant.

Tacoronte ⑫

Hauptort der bedeutendsten Weinbauregion der Insel (Tacoronte-Acentejo). In *El Sauzal* (3 km westl.) informiert die ›Casa del Vino La Barranda‹ über Anbaumethoden u. ä. (di–sa 11–20, so 11–18 Uhr; mit Geschäft und Restaurant; Weinproben).

Umgebung: *La Matanza* (8 km südl.) und *La Victoria de Acentejo* (15 km südl.) erinnern an blutige Schlachten zwischen Guanchen und Spaniern. Im Mai 1494 unterlagen die Spanier zunächst in einem furchtbaren Gemetzel (span. ›matanza‹); im Dez. 1495 errangen sie beim seither ›Victoria‹ genannten Ort den endgültigen Sieg.

Auch der Name *Valle de Guerra* (›Tal des Krieges‹; 5 km nördl.) erinnert an die Scharmützel. Heute werden hier Papayas, Tabak und Blumen angebaut; im Ort ein Landwirtschafts- und Kunstgewerbemuseum (di–sa 10–17, so 10–14 Uhr). Weiter kommt man zum Küstenort *Punta del Hidalgo* (gutes Fischrestaurant); von dort führen Wanderwege ins Anaga-Gebirge.

Candelaria ⑬

Sehenswerte Ortschaft, benannt nach der Schutzpatronin der Kanarischen Inseln (Nuestra Señora de la Candelaria), deren Statue in der örtlichen Basilika aufbewahrt wird. Auf der Plaza de la Patrona außerdem ein Monument der Madonna mit den örtlichen Guanchen-Führern.

Veranstaltung: Candelaria-Fest mit feierlicher Prozession am 2. Febr. und besonders pompös am 15. Aug.

Umgebung: Urlaubszentrum *Las Caletillas* (3 km nördl.) mit großen Sportanlagen.

Maßstab 1 : 15.000 (0 – 200 – 400 – 600 – 800 m)

Maßstab 1 : 150.000 (0 – 2 – 4 – 6 – 8 km)

Das Fest der Feste in La Orotava ist Fronleichnam. Aus Abertausenden von Blütenblättern werden die Teppiche für den Prozessionsweg hergestellt.

Wo die Blumeninsel ihren Namen verdient

La Orotava, Icod de los Vinos, Garachico: Die meisten Orte an Teneriffas Nordküste stehen für den zwar zielstrebigen, aber stets auch maßhaltenden Einbezug des Fremdenverkehrs in das insulare Wirtschaftsleben. Denn mögen sich auch in Puerto de la Cruz die touristischen Komplexe ballen – das Feiern der alten Feste und vor allem den behutsamen Umgang mit der an Wundern so reichen Natur hat man hier nie verlernt. Wo, wenn nicht in den Gärten des Orotava-Tals, trifft es zu, wenn man Teneriffa schwärmerisch ›Die Blumige‹ nennt?

△ Inszenierte Nostalgie: Holzboote im Hafen von Puerto de la Cruz … … und die Folklore-Show im Hotelgarten ▽

△ Nach Guanchen-Art: Lucha Canaria, der Kanarische Ringkampf

△ Relaxen und genießen: César Manriques Badelandschaft Lago Martiánez in Puerto de la Cruz

Das Ständchen am Pool ▽

Puerto de la Cruz, der ›Hafen des Kreuzes‹ im Mündungsgebiet des Barranco de Martiánez, ist die Wiege des Fremdenverkehrs auf Teneriffa. Mit allen nur denkbaren Annehmlichkeiten ausgestattete Großhotels und gewaltige Appartementblocks bestimmen das Bild – nur an der Plaza del Charco mit ihren zwei- und dreistöckigen, mit hölzernen Balkonen geschmückten Kanarenhäusern ahnt man noch etwas vom Flair einer alten Kaufmannsstadt.

Das erste Urlaubsparadies

Über Jahrhunderte hinweg war Puerto de la Cruz der wichtigste Handelshafen der Nordküste. 1706 hatte ein Vulkanausbruch den Nachbarhafen Garachico zerstört, der sich bis dahin in dem Ruhm sonnen durfte, zentraler Verschiffungsort der Weine des Orotava-Tals nach England zu sein. Diese Rolle übernahm nun Puerto de la Cruz, und als es sich gegen Ende des 19. Jahrhunderts herumsprach, daß man Teneriffa ja nicht immer nur zu Handelsaktivitäten, sondern auch zum Müßiggang im milden Klima aufsuchen könne, wurde Puerto de la Cruz zum Badeort der Upper class. 1892 entstand das ›Taoro‹, das erste komfortable Hotel der Insel, heute Heimat des Spielcasinos.

In den 1950er Jahren folgte der zuerst zaghafte, dann stürmische Ausbau zur Urlauberstadt des 20. Jahrhunderts. César Manrique, der Stararchitekt der Kanaren, konnte zur Schaffung der – durchaus gelungenen – künstlichen Badelandschaft Lago Martiánez gewonnen werden. So lehnt man sich heute entspannt am Pool zurück und genießt das vom Reiseveranstalter servierte Folklore-Programm, vom farbenfrohen Volkstanz über vielstimmige Gitarrenmusik bis hin zur ›Lucha Canaria‹, dem Kanarischen Ringkampf.

Humboldts Aussichtspunkt

›Ich habe im heißen Erdgürtel Landschaften gesehen, wo die Natur großartiger ist, reicher in der Entwicklung organischer Formen. Aber ich muß gestehen, nirgends ein so mannigfaches, so anziehendes, durch die Verteilung von Grün und Felsmassen so harmonisches Gemälde

△ Puerto de la Cruz: Exot im Botanischen Garten

La Orotava: Innenhof der Casa de los Balcones ▽

△ Auch für Fotografen eine Herausforderung: Kakteen in der Bananera El Guanche

△ *Kunsthandwerk in der Casa de los Balcones: traditionelles Holzspielzeug …* *… und wertvolle Textilien* ▽

vor mir gehabt zu haben.‹ Alexander von Humboldt, der heute weltberühmte Forschungsreisende und Begründer der modernen Pflanzengeographie, verbrachte im Juni 1799 einige Tage auf Teneriffa. Er war unterwegs nach Südamerika, wo er die Flora der Andenstaaten erforschen sollte – doch zuvor wollte er den ›Pik von Teneriffa‹ sehen, den legendären Vulkangipfel des Teide, der seine Phantasie seit Jahren beschäftigte. Auf dem Rücken eines Maultiers ritt er von Tacoronte über Orotava nach Puerto de la Cruz. Überwältigt von der Schönheit des Tals mit dem Hafen Puerto de la Cruz schrieb er: ›Ich kann diesen Anblick nur mit den Golfen von Genua und Neapel vergleichen, aber das Orotava-Tal übertrifft sie bei weitem durch seine Ausmaße und die Reichhaltigkeit der Vegetation.‹

Tropenflora am Atlantik

Wer heute den ›Mirador del Humboldt‹ besucht, den Aussichtspunkt, an dem diese Eindrücke notiert wurden, wird den Enthusiasmus des Forschers nicht uneingeschränkt teilen. Landwirtschaftliche Nutzflächen, in erster Linie Bananenplantagen, bedecken das Talrund, von dessen pflanzlicher Vielfalt der Gelehrte so schwärmte.

Gleichwohl kommen Hobby-Botaniker nicht vergeblich ins Orotava-Tal: Im ›Jardín de Aclimatización de la Orotava‹, einem überaus gepflegten Botanischen Garten, in dem auch graugrüne Kanarienvögel umherflattern, können rund 3000 exotische Gewächse studiert und bewundert werden – vom kuriosen Leberwurstbaum über Passionsblumen, Würgefeigen und allerlei Palmenarten bis hin zu den fremdartigen 200jährigen Bäumen aus der Gründerzeit des Parks.

Denn bereits gegen Ende des 18. Jahrhunderts, als von der touristischen Karriere der Region noch niemand träumte, ordnete das spanische Königshaus das Projekt an, dem dieser Garten zu verdanken ist: Die prachtvollsten tropischen Pflanzen und Bäume aus Lateinamerika, die später die Gärten und Parks in Madrid zieren sollten, wurden hier ausgepflanzt, um sie allmählich an europäische Klimabedingungen zu

△ Fronleichnam in La Orotava: Frauen zerpflücken die Blumen, sammeln Blüten, nach Farben und Formen getrennt, …

△ … während die Männer auf dem Rathausplatz die Linien für das große Sandbild auftragen

Höhepunkt und Abschluß: der Tag der Prozessionen ▽

△ Nach alten Vorlagen werden Heiligenbilder aus Sand … … und christliche Symbole aus Blütenblättern gefertigt ▽

gewöhnen. Das Projekt zerschlug sich zwar – auf der rauhen Hochebene von Madrid gingen die Tropenpflanzen bald wieder ein –, doch an der Bucht von Puerto de la Cruz gediehen die Exoten prächtig. Ein gebürtiger Schweizer, der Gärtner Hermann Wildpret, nahm sich ihrer ab 1860 systematisch an und begründete so dieses kleine botanische Paradies.

Orotavas Blumenbilder

Wer Blumen liebt, wird glänzende Augen bekommen: Tausende, Abertausende von Rosen und Nelken, Dahlien, Veilchen und Margeriten lassen Blüten, Blätter und Stengel, damit diese Wunderwerke, die Fronleichnams-Teppiche von La Orotava, entstehen können. Hunderte von Frauen, Männern und Kindern sind Tage, wenn nicht Wochen mit den Vorbereitungen beschäftigt – und alles, damit am letzten Tag des Festes der Priester und sein Gefolge, in weiße Spitze gewandete Jungfrauen und schließlich das gemeine Volk diese einzigartigen, zu Ehren des Herrgotts ausgebreiteten Prachtstraßen und -bilder beschreiten – und wieder zertreten.
Fronleichnam ist eines jener Kirchenfeste, das im katholischen Spanien inbrünstiger gefeiert wird als sonstwo auf der Welt. Doch nirgends betreibt man solchen Aufwand wie in La Orotava. Jedes Jahr beginnt der Wettbewerb um das noch schönere Bild aus Blüten oder – wie am Rathausplatz, dessen gesamte 850 Quadratmeter bedeckt werden – aus verschiedenfarbigen Vulkansanden aufs neue. Ungezählte Schaulustige reisen von weither an, um die wunderbaren und so flüchtigen Kunstwerke zu bestaunen … und mit Hilfe des Fotoapparats vor dem Vergessen zu retten.

Lebendiges Kunsthandwerk

Überhaupt die Tradition: In La Orotava, das so ganz anders ist als Puerto de la Cruz und dessen Stadtbild die Europäische Gemeinschaft zu Recht zum ›schützenswerten Kulturgut‹ erhob, ist man sich des Erbes der Vorväter sehr bewußt. Und man pflegt es gewissenhaft: Wer Kunsthandwerk sucht, das noch nach traditionellen Vorlagen gefertigt

Handgemacht, nicht von der Stange: Weberei in Garachico ▽

△ Strohhut, weiße Bluse, schwarze Weste: die Tracht der tinerfeñischen Frauen

Im Hafen von Garachico wurde einst der Malvasier-Wein verschifft ▽

△ Wallfahrt mit volkstümlicher Musik: die Romería von Realejo Alto

Ehrwürdiges Wahrzeichen: der ›Drago‹ von Icod de los Vinos ▽

wird, begebe sich in die Casa Torrehermosa oder die Casa de los Balcones. Beide, mit schönen Innenhöfen ausgestattete Adelspläste sind Produktions- und Verkaufsstätten von tinerfeñischer Stickerei, Spitze und kostbaren Trachten sowie von Keramik, Flechtarbeiten, Puppen und Holzschnitzereien. Eine wenig beachtete Rarität sind die handgefertigten Messer mit verzierten Griffen aus Kuhknochen und Ziegenhorn. Offensichtlich hat der Tourismus die Nachfrage nach solchen Erzeugnissen in Schwung gebracht. Denn auch in Garachico oder in Arguayo wird Kunsthandwerk von Erzeugern selbst zum Verkauf angeboten.

Heiliger Drachenbaum

Den Guanchen war er heilig, denn der rote Saft aus seiner Rinde lieferte ihnen ein wirksames Heilgetränk: ›El Drago milenario‹, der ›tausendjährige Drachenbaum‹ von Icod de los Vinos, Wahrzeichen des Orts und an manchen Tagen von 6000 oder mehr Neugierigen bestaunt. Sicher auch dieses Andrangs wegen ist er den Lokalpatrioten heilig: Noch älter, als der Name es sagt, sei El Drago, behaupten sie. Nämlich 5000 Jahre, mas o menos.
Was meint die Wissenschaft? Eine aufwendige Generaluntersuchung, so war erst kürzlich zu lesen, hat herausgefunden, daß dem 18 Meter hohen Baum bestenfalls 400 Jahre zu bescheinigen seien. Kein Methusalem seiner Spezies – auf La Palma stehen Dragos, die 600 Jahre oder älter sind. Eine Enttäuschung? Die betrüblichere Nachricht ist eine andere: Icods Lokalpolitiker haben verfügt, daß der Baum mit einer hohen Bruchsteinmauer zu umgeben sei. Wer ihn aus der Nähe betrachten will, muß nun Eintritt zahlen.

›Zuviel Kanariensekt ...‹

Schon Defoe und Jules Verne, Voltaire und Casanova haben ihn gelobt und genossen: den Wein der ursprünglich aus Kreta stammenden Malvasier-Traube, der Icod de los Vinos und vor allem dem ›Weinhafen‹ Garachico so früh Wohlstand und Renommée bescherten. Erste englische Privilegien für den Bezug des guten Tropfens gab es bereits 1519 – und so läßt schon Shakespeare

△ Hier beginnt die Wanderroute: Blick in die Masca-Schlucht

Serpentinen im Teno-Gebirge ▽

Keine leichte Übung: Einige Abschnitte der Masca-Schucht sind stark zerklüftet ▽

△ Ein Leuchtturm markiert die Punta de Teno

Wanderers Lohn: das erfrischende Bad ▽

in seinem ›Heinrich IV.‹ die Wirtin einen Gast ermahnen: ›Ihr habt zuviel Kanariensekt getrunken! Das ist ein verzweifelt durchschlagender Effekt, der würzt das Blut, ehe man eine Hand umdreht.‹
An den Hängen oberhalb von Garachico wuchsen damals die Reben für den ›Kanariensekt‹, weiter unten Zuckerrohr, später Bananen, und mit den fetten Erlösen des Handels bauten die Bürger sich die prächtigsten Häuser. Bis zum Jahr 1706, als der Pico Viejo plötzlich Feuer, Lava und Schlacke spie und Ort, Hafen und Weinberge zu weiten Teilen unter sich begrub.

Durch die Masca-Schlucht

Vom 600 Meter hoch gelegenen Dorf hinunter zum Meer und den ganzen Weg wieder zurück: Wir haben uns viel vorgenommen für diesen Urlaubstag …
Noch vor Sonnenaufgang bringt uns das Taxi nach Masca. Wenig später schon steigen wir an Brombeeren, wilden Mandelbäumen, Agaven und Palmen vorbei einen Hang hinab, folgen dem gut erkennbaren Pfad, der sich parallel zum Bachbett talwärts schlängelt. Auf über den Bach gehängten Stegen wechseln wir an das andere Ufer, und schon erreichen wir die Sohle der grandiosen Schlucht: wuchtige Basaltblöcke, am Hang Katzenminze und Lavendel. Und oben schwarz, tiefblau, braun und gelblich gefärbte Vulkanfelsen. Weiter. An einer Grotte, einer Blumenwiese vorbei – und dann das Rauschen des Meeres! Nach knapp drei Stunden haben wir am Ausgang des Tals die Playa de Masca erreicht, einen kleinen, steinigen Strand.
Zwei Stunden gönnen wir uns für das Picknick – dabei weite Blicke südwärts übers Meer. Eine Wandergruppe, mit Rucksack und Bergstiefeln ausgerüstet, trifft ein. Wir beobachten, wie am Ende des betonierten Stegs das Boot anlegt, das sie abholt und nach Los Gigantes bringt. Haben sie es besser als wir?
Am späten Nachmittag, nach drei Stunden Rückweg und vor Kaffee und einer großen Karaffe Eiswasser sitzend, verneinen wir energisch: Hinunter, das kann jeder, aber wieder hinauf durch dieses Wunder der Natur, das ist erst die ganze Miete!

Teneriffa

PUERTO DE LA CRUZ
Lago Martiánez
Jardín Botánico
Mirador Humboldt
La Orotava
La Concepción
Punta Brava
La Romántica
Los Realejos
Realejo Alto
Realejo Bajo
Icod el Alto
San Juan de la Rambla
La Guancha
Santa Bárbara
Tierra de Costa
San Marcos
San Felipe
Buen Paso
La Mancha
Icod de los Vinos
Drago Milenario
Garachico
Castillo
Piscinas naturales
Roque de Garachico
San Juan del Reparo
La Culata
Cruz Grande
La Tanque
Los Silos
La Caleta
San José
Buenavista del Norte
San Bernardo
Mirador de Don Pompeyo
Punta de Teno
Faro de Teno
Punta Morro del Diablo
Punta Negra
Punta del Casado
Las Animas
Montaña de la Venta
Teno
El Palmar
Roque Blanco
Alto del Camello
Masca
Roque de Abache
Santiago del Teide
El Volcán
Valle de Arriba
Erjos
Los Llanos
Arguayo
Tamaimo
Acantilado de los Gigantes
Los Gigantes
Puerto de Santiago
Playa de la Arena
Chío
Guía de Isora
Chiguergue
Los Pinos Altos
La Asomada del Gato
Los Hoyos
Montaña de Abeque
Volcán de la Botija
La Vista del Cedro
Las Hiedras
Los Castillos
Los Frontones
Abejera Grande
Laderas del Teide
Montaña de los Tomillos
Pico del Teide
3715
Panorama
Teleférico
Pico Viejo
Montaña Blanca
PARQUE NACIONAL DEL TEIDE
Las Cañadas
Los Roques
Parador Nacional de las Cañadas
Ermita de las Nieves
Llano de Ucanca
Cañada de los Azulejos
Zapato de la Reina (roca)
Boca de Tauce
El Portillo (2020)
Centro de Visitantes e Información
Montaña de Guamasa
Degollada del Cedro
Corral del Niño
Observatorio Astronómico del Teide
Observatorio Meteorológico de Izaña
Carretera Dorsal
Barranco del Agua
Montaña Roja
VALLE DE LA OROTAVA
Cobre
Volcán de Fasnia
Lomo de los Pinos
El Retamar
Hoya Honda
Llano de las Lajitas
Cañada de la Grieta
Paisaje Lunar
30
56
68

Wo gibt es was?

Fähnchennummer = Textnummer ❶ = Auskunft

Puerto de la Cruz ①

Im klimabegünstigten Orotava-Tal begann im 19. Jh. die touristische Entwicklung Teneriffas. Die Stadt (ca. 40 000 Einw.) mit ihren vielen Großhotels ist heute weitgehend auf die Bedürfnisse des Fremdenverkehrs zugeschnitten. An historischer Bausubstanz hat nur wenig überdauert.
Sehenswürdigkeiten: Bedeutendster historischer Bau ist die Kirche Nuestra Señora de la Peña de Francia (Ende 17. Jh.) mit geschnitzter Holzdecke, kostbaren Barockaltären, Gold- und Silberschmuck sowie einer Schmerzensmadonna (18. Jh.). Der Wehrturm Castillo de San Felipe im Westen der Stadt ist aus dem 16. Jh.
Nahe dem Hafen die große, von César Manrique geschaffene Wasserlandschaft ›Lago de Martiánez‹. Überaus sehenswert auch der Botanische Garten (tgl. 9–18 Uhr) mit rund 3000 Bäumen und Pflanzen sowie der Loro Parque (tgl. 8.30–17 Uhr), ein vorbildlich geführter Vergnügungspark mit großer Papageienkolonie (span. ›loro‹), Aquarium, Orchideenhaus, vielen Tieren, folkloristischen Darbietungen und Attraktionen wie ›Speedy‹, dem rollschuhlaufenden Kakadu. Die an der Straße nach La Orotava gelegene Bananera El Guanche ist eine Musterplantage für den Bananenanbau und zeigt zudem tropische und subtropische Pflanzen.
Museum: Das Museo Arqueológico (C. del Lomo 9 A) zeigt Keramik, Mumien u.ä. aus der Guanchen-Zeit sowie eine Insekten- und Waffensammlung (di–sa 10–13 u. 17–21, so 10–13 Uhr).
Veranstaltungen: Karneval (Febr./März); Maifest mit Musik, Theater, Kunst; Sonnenwendfest San Juan (24. Juni); Patronatsfest Nuestra Señora del Carmen mit Prozession (16. Juli); Fiesta de San Andrés mit Verkostung des neuen Weins (30. Nov.).
Nachtleben: Spielcasino ›Taoro‹; Diskos ›Victoria‹, ›Joy‹, ›Coto‹.
Aktivitäten: Baden (Lago de Martiánez), Tauchen (Tauchschule Atlantik), Tennis (Arenas); geführte Wanderungen (Alpinschule Innsbruck im Hotel Riu Bonanza).
❶ Touristen-Info gegenüber der Kirche, Plaza de la Iglesia, Tel. 386000.

La Orotava ②

Historische Stadt (Gründung 1506), die sich dem Massentourismus nie verschrieben hat und im historischen Kern einige Herrenhäuser im kanarischen Stil bewahren konnte. Berühmt sind die spektakulären Blumenteppiche, die zum Fronleichnamsfest (span. Corpus Cristi) hergestellt werden, und die originellen Kunsthandwerksprodukte des Städtchens.
Sehenswürdigkeiten: Im Zentrum die imposante Casa de los Balcones (17. Jh.), in der Kunsthandwerk verkauft wird. Gleichfalls auf den Verkauf von Souvenirs und Kunsthandwerk spezialisiert sind die gegenüberliegende Casa del Turista und die prächtige Casa Torrehermosa (C. Tomás Zerolo 27) aus dem 17. Jh. Die dreischiffige Kirche Santo Domingo birgt eine buntbemalte Kassettendecke und Gemälde aus der Rembrandt-Schule. Sehenswert auch die Kirche Nuestra Señora de la Concepción (18. Jh.), der Rathausvorplatz, wo an Fronleichnam ein großer Blumenteppich ausgebreitet wird, und der Botanische Garten Hijuela del Botánico (mo–fr 9–15 Uhr).
Museen: Das Museo de Artesanía Iberoamericana (C. Tomás Zerolo 34, mo–sa 9.30–18 Uhr) zeigt Kunstgewerbe aus Lateinamerika, das kleine Museo del Pueblo Guanche (C. Escultor Estévez 17, mo bis sa 9–19.30, so/fei 10–15 Uhr) Dokumente und Funde zur Guanchen-Zeit.
Tip: Kanarische Spezialitäten bietet das Restaurant Casa Mereja (C. León 23).
Veranstaltungen: Patronatsfest San Antonio (17. Jan). Fronleichnamsfest eine Woche nach dem kalendarischen Termin.
Umgebung: Der *Mirador Humboldt* (3 km nordöstl.) ist der nach Alexander von Humboldt benannte Aussichtspunkt, von dem aus der Forscher das Orotava-Tal im Juni 1799 beschrieben haben soll. In *Realejo Alto* (5 km westl.) die schon 1498 begonnene Iglesia de Santiago mit wertvoller flämischer Malerei. Die örtlichen Feste (San Isidro am 15. Mai, Señora del Carmen am 16. Juli; Santiago am 25. Juli) werden stets mit großem Aufwand gefeiert.

Icod de los Vinos ③

Die von Tagesausflüglern gern besuchte Ortschaft ist Zentrum einer Landwirtschaftsregion, in der vor allem Bananen und Wein (Region ›Ycoden-Daute-Isora‹; gute Rosé- und Weißweine) angebaut werden. Wahrzeichen der Stadt ist der sogenannte Tausendjährige Drachenbaum (›drago milenario‹) im Ortszentrum. Nahebei die Kirche San Marcos, die ein 2 m hohes und 47 kg schweres Kreuz aus mexikanischem Silber birgt.
Aktivitäten: Wandern im Vorgebirge der Cañadas, Baden (*Playa de San Marcos*).
Tip: Kauf von Wein der Region in der Bodeguita del Drago oder bei Arte Ycodem.
Veranstaltungen: Patronatsfeste San Marcos (25. März), San Juan (24. Juni) und Santa Barbara (Ende Sept.).
Umgebung: Fischerdorf *San Juan de la Rambla* (10 km östl.) mit Häusern im kanarischen Stil und dem exzellenten Restaurant ›Las Aguas‹ (im gleichnamigen Ortsteil), das auf Reisgerichte spezialisiert ist.

Garachico ④

Küstenort mit gepflegtem Altstadtkern, viel Ruhe und Beschaulichkeit. Im 17. Jh. wurde von hier in großem Umfang Malvasier-Wein verschifft, ehe der Ausbruch des Pico Viejo (1706) die Rebkulturen weitestgehend zerstörte.
Sehenswert die Iglesia Santa Ana (18. Jh.) mit zwei Statuen des Bildhauers Luján Pérez und die historischen Großgebäude der beiden Klöster San Francisco und Santo Domingo. In der Altstadt außerdem schmucke kanarische Bürgerhäuser.
Museen: In der Casa de la Cultura (Pl. del Ayuntamiento, mo–sa 9–19, so/fei 9–13 Uhr) im ehemaligen Kloster San Francisco, sind interessante Dokumente aus der Epoche des Malvasier-Exports (17. Jh.) zu sehen. Das Museo de Arte Contemporaneo (Pl. de Santo Domingo, mo–sa 8–19, so 9–13 Uhr) zeigt Werke zeitgenössischer spanischer Künstler. In der alten Festung Castillo de San Miguel (mo–fr 9–19, sa/so 9–13 Uhr) eine naturkundliche Sammlung mit Fossilien, Gesteinen und Schnecken.
Markt: Kunsthandwerksmarkt (di–so 10 bis 18 Uhr) in der C. Estéban de Ponte 5.
Veranstaltung: Romería de San Roque, großes Patronatsfest mit Folklore und farbenprächtiger Prozession (16. Aug.).

Teno-Gebirge ⑤–⑧

Dünn besiedeltes Hügelland im äußersten Westen der Insel. In der Guanchen-Zeit und auch später noch wurden Landwirtschaft (Getreide, Wein) und Viehzucht betrieben; heute gilt die Teno-Region als die am wenigsten entwickelte Ecke der Insel.
Über **Buenavista** ⑤, dessen Iglesia de la Concepción (16. Jh.) den Besuch lohnt, kommt man am *Mirador de Don Pompeyo* vorbei zur **Punta de Teno** ⑥, deren Leuchtturm (Faro) den westlichsten Punkt der Insel markiert (grandiose Blicke zu den Nachbarinseln).
In weiten Serpentinen fährt man ab Buenavista südwärts durch das Tal von **El Palmar** ⑦, das als Ausgangspunkt von Wanderungen beliebt ist.
Die bekannteste Wanderstrecke der Region – und eine der schönsten Teneriffas – ist jedoch der Weg durch die spektakuläre **Masca-Schlucht** ⑧, die vom in 600 m Höhe gelegenen Ort *Masca* zur *Punta de la Galera* an der Küste führt. Dort ist auch die Abholung mit dem Boot möglich (Info in Los Gigantes, Playa de la Arena, Tel. 100348), sonst benötigt man für Hin- und Rückweg ca. 6 Std.

Arguayo ⑨

Kleines Straßendorf und ehemaliges Zentrum des Getreideanbaus. Der Parque San Isidro im Zentrum erinnert daran; er zeigt acht traditionelle, aus Vulkangestein gebaute Dreschplätze (›Eras‹). Berühmt sind auch die Keramikprodukte der Region: Im Centro Alfarero (mo–sa 10–13, 16–19 Uhr) werden nach altem Brauch handgeformte Töpfererzeugnisse ohne Gebrauch der Töpferscheibe hergestellt.

Maßstab 1 : 150.000 — 0 2 4 6 8 km

Bis ins Frühjahr hinein schneebedeckt: Den besten Blick auf den Gipfel des Teide hat man von den Roques de García in der Nähe des Parador Nacional.

Im Bann des weißen Berges: Cañadas del Teide

Kaum vorzustellen: Nur gut zehn Kilometer Luftlinie von der Küste entfernt, steigt das Land auf 3715 Meter hinauf. Wieviele Alpengipfel gibt es, die es damit aufnehmen können? Wieviele Dreitausender auf der Welt, die ähnlich nah am Meeresufer stehen? Den Guanchen war der Pico del Teide, zu Recht auch ›Zuckerhut‹ genannt, ebenso heilig wie unheimlich. Wer die Cañadas durchstreift, die Kraterschluchten zu seinen Füßen, wird verstehen warum.

△ Teide-Erlebnisse: Von der Aussichtsplattform unterhalb des Gipfels schweift der Blick über das Wolkenmeer

Ein Mitarbeiter richtet seine Instrumente aus ... ▽

△ Im Montaña-Blanca-Gebiet: Wieviele Rot-, Braun- und Gelbtöne gibt es?

... im astrophysikalischen Observatorium von Izaña ▽

Meisterstück der Natur: der Felsen Roque de García ▽

Der Teide ist das kanarische Ereignis schlechthin. Der Schriftsteller Gerhard Nebel, der die Kanaren in den 1950er Jahren bereiste, schrieb über Spaniens höchsten Berg: ›Teneriffa erscheint als Teide-Attribut, als Träger, Flanke, Fuß, Küste des Berges. … Man ist, wo immer man im Archipel auch weilt, mit dem Teide beschäftigt … Ich kenne keinen Berg, der je nach dem Aufenthalt des Betrachters so verschiedene Aspekte bietet wie der Pik.‹

Klippen im Dunstmeer

Gerhard Nebel ist nur einer der ungezählten Bewunderer des Teide. Doch keiner von ihnen wird so häufig zitiert wie Alexander von Humboldt. Schon im Orotava-Tal ist er uns begegnet: Dort begann er im Juni 1799 seinen Aufstieg auf den ›Pik‹, den er durch seine Aufzeichnungen weltberühmt machen sollte. Zwölf Stunden benötigte er für den Weg hinauf, neun für den Abstieg.
Humboldt ist Naturforscher – mit Blick für das Handfeste, Reale. Er ärgert sich über seine Bergführer, die Gesteinsproben, die er gesammelt hat, wieder fortwerfen, beklagt sich über ihren Bummelschritt, protokolliert akribisch Temperaturen, Höhenmeter, Windrichtungen.
Doch immer wieder hält er inne, um zu staunen. Eine der schönsten Stellen seines Berichts lautet: ›Da beobachteten wir in der Dämmerung eine Erscheinung, die auf hohen Bergen häufig ist, die aber bei der Lage des Vulkans besonders auffallend hervortrat. Eine weiße, flockige Wolkenschicht entzog das Meer und die niedrigen Regionen der Insel unseren Blicken. Die Wolken waren so gleichmäßig verbreitet und lagen so genau in einer Fläche, daß sie sich ganz wie eine ungeheure, von Schnee bedeckte Ebene darstellten. Die kolossale Pyramide des Piks, die vulkanischen Gipfel der Inseln Lanzarote, Fuerteventura und Palma ragten wie Klippen aus dem weiten Dunstmeer empor.‹
So beobachtet gegen fünf Uhr an einem Sommermorgen des Jahres 1799 – und so zu erleben noch heute von allen, die mit der Erlaubnis der Nationalparkverwaltung die Nacht in der Schutzhütte unter dem

△ Annäherungen an den Teide: mühsam zu Fuß, … … bequem, doch nicht halb so intensiv, mit dem Auto ▽

△ Eisschrank noch im Sommer: die Cueva del Hielo an der Nordflanke

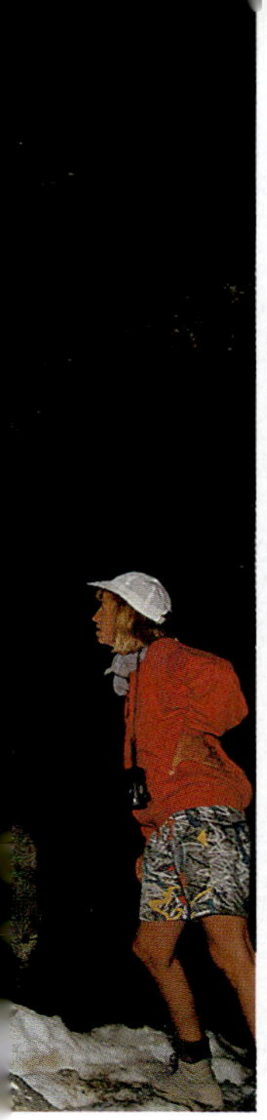

△ Die Teleférico bringt Besucher zur Plattform unter dem Gipfel, … … wo geführte Wanderungen starten ▽

Gipfel verbringen und früh genug auf den Beinen sind, um den Tag in rund 3700 Metern Höhe zu begrüßen.

Bizarre Mondlandschaften

Der Teide ziert Ansichtskarten und Prospekte, dient als Logo und Wahrzeichen. Und ist im Winter, so sagen Kenner, am schönsten. Denn dann trägt der Gipfelhut einen Mantel aus Puderzucker – sogar bis in den Mai hinein fällt Schnee.
Doch auch die Umgebung, weiträumig als ›Nationalpark Cañadas del Teide‹ geschützt, bietet landschaftliche Wunder ersten Ranges. Vulkanische Gewalten haben die von Schlacke, Lava und Kratern geprägte ›Mondlandschaft‹ (›Paisaje Lunar‹) an der Südflanke geschaffen; der Wind hat sie anschließend zu markanten, fast unwirklichen Felsformationen geschliffen. Wenn die Sonne untergeht und zartes Licht die Konturen noch plastischer werden läßt, entstehen Bilder, die der Besucher lange in Erinnerung behalten wird.

Landschaftsschutz tut not

Mehr als 2,5 Millionen Besucher erklimmen den Teide Jahr für Jahr. An manchen Tagen drängen sich Hunderte von Fahrzeugen auf der Straße, die den Nationalpark durchquert. Nicht selten gleicht der Parkplatz am Fuß der Seilbahn, die die Bergpilger zur Plattform La Rambleta unterhalb des Gipfelkraters befördert, einem Rummelplatz.
Die Probleme folgen auf dem Fuß: achtlos in die Landschaft geworfene Picknick-Abfälle, Wandergruppen, die ihren Unrat nicht entsorgen – vor Jahren schon wurde es der Parkverwaltung zuviel. So dürfen heute nur noch kleine, streng kontrollierte Gruppen hinauf zum Gipfel. Und doch kann nicht dauerhaft und konsequent kontrolliert werden, ob alle Schutzbestimmungen auch greifen. So bleibt nur der Appell an alle Besucher, durch Umsicht dazu beizutragen, daß diese einzigartige Landschaft nicht zerstört wird.

Fauna und Flora ›canariensis‹

Milane und Turmfalken, Felsentauben und Bussarde, Raben, Rebhühner und Mauersegler leben in der gebirgigen Wildnis. Und der

△ Nationalpark-Touren: Der Parkangestellte erläutert seltene Pflanzen

Paisaje Lunar, das Werk von Wind und Wasser ▽

△ Botanische Rarität: das Teide-Veilchen

△ In der Gebirgszone dominiert die Kanarische Kiefer

Fast mannshoher Gebirgsbewohner: Roter Natternkopf ▽

wunderschön gezeichnete Teide-Fink – ›Fringilla Teydea‹ in der Fachsprache der Zoologen. Hinzu kommen Schmetterlinge und Käfer, Geckos und Eidechsen, Kaninchen, Wildkatzen und Mufflons.
Noch artenreicher ist die Flora am Teide, und nicht wenige Pflanzen haben Biologen mit dem Attribut ›Teydea‹ oder ›canariensis‹ versehen: Nur auf den Kanaren oder am Teide kommen sie vor. Oberhalb von 2000 Metern etwa gedeihen der prachtvoll blühende Teide-Ginster und die beiden spanisch als ›Retama‹ und ›Codeso‹ bezeichneten Arten. Eine Sensation auch für Laien ist der – seltene – Rote Teide-Natternkopf, dessen Kerzen mannshoch werden. Und das zarte, angenehm duftende Teide-Veilchen, das man noch in 3700 Metern Höhe findet, weil es die extremen Klimabedingungen – intensive Sonneneinstrahlung bei Tag, starke Abkühlung bei Nacht – gut verträgt.
Teide-Margerite, Teide-Skabiose, Teide-Katzenminze, die verschiedenen Teide-Moose und Teide-Flechten – die Liste ließe sich lange fortsetzen: Über hundert endemische Pflanzen rechtfertigen den Ruf Teneriffas als ›Kontinent im kleinen‹.

Wundersame Kanaren-Kiefer

Auf der Rückfahrt zur Küste ist überall in den Lagen zwischen 1000 und 2000 Metern Teneriffas Charakterbaum zu sehen, der der Insel in vielfacher Hinsicht Nutzen bringt: die Kiefernart Pinus canariensis. Besonders alte, bis zu 60 Meter hohe und im Stammdurchmesser über zweieinhalb Meter dicke Exemplare sind oberhalb von Vilaflor zu finden. Haben sie, wie die hochbetagten Drachenbäume, schon zur Guanchen-Zeit existiert?
Der Wachstumsgürtel dieses Baums liegt in der Wolkenzone. An seinen bis zu 30 Zentimeter langen Nadeln kondensiert die Feuchtigkeit aus den Wolken, das Kondenswasser tropft ab und wird dem Boden zugeführt – für die Wasserversorgung Teneriffas ist dies von größter Bedeutung.
Ebenso effizient ist die Kiefer als Überlebenshelfer der Natur nach Waldbränden. Durch ihre dicke, sehr harzreiche Rinde ist sie vor den schlimmsten Auswirkungen einer

△ Lokale Spezialität: Ziegenkäse aus Arico

Vilaflor am Südhang des Teide ist die höchstgelegene Ortschaft auf Teneriffa ▽

△ Siesta in Vilaflor

△ Geheimnisvoll: die Pyramiden von Güimar

Rings um Granadilla werden Kartoffeln angebaut ▽

Weithin sichtbar: der Leuchtturm bei Poris de Abona ▽

Feuersbrunst geschützt. Oft wird nur die Rinde verkohlt, während der Kern des Stamms überlebt. Nach etwa sechs Jahren hat sich der gesamte Baum erholt. Seit man dies weiß, wird heute in den Höhenlagen der Insel fast nur noch mit Pinus canariensis aufgeforstet.

Straße der Strafgefangenen

An knorrigen Kanaren-Kiefern führt die Serpentinenstraße von Boca de Tauce hinab in das hübsche Bergdorf Vilaflor. Nur die Einheimischen der älteren Generation erinnern sich noch daran, daß diese Straße unter mühseligsten Strapazen von Strafgefangenen während der Franco-Diktatur gebaut wurde.

Von 1941 bis 1943 war das 91. Strafbataillon, zu dem rund fünfhundert, zumeist republikanisch gesinnte Strafgefangene aus dem Baskenland, Katalonien und von den Kanaren gehörten, in Vilaflor stationiert. Das rauhe Gebirgsklima und die harte Arbeit im Straßenbau, dazu Krankheiten und die schlechte Versorgung trugen dazu bei, daß viele vor Erschöpfung starben. Im Winter, bei Minusgraden und eisigen Winden, muß diese Arbeit eine enorme Strapaze gewesen sein. Doch auch die Überlebenden waren nicht erlöst: Nach der Fertigstellung der Straße wurden sie nach Nordafrika oder auf das spanische Festland in Gefängnisse oder andere Strafbataillone ›abkommandiert‹.

Ein Hoch auf die Kartoffel

Vilaflor, bis 1500 Meter über Meeresniveau gelegen, ist das Dorf der Kartoffelbauern. Dank des luftigen, nicht zu trockenen Klimas gedeihen hier die schmackhaftesten Sorten – an die fünfzig Arten kennt man auf Teneriffa. Besonders aromatisch und selbst in Feinschmeckerkreisen geschätzt sind die äußerlich fast schwarzen, innen gelblichen ›Papas bonitas‹ oder ›Papas negras‹. Die ausgeprägte ›Kartoffelkultur‹ Teneriffas hat ihre historischen Wurzeln in den stets engen Verbindungen zu Lateinamerika. Von dort gelangte die Knolle im 16. Jahrhundert auf die Kanaren. Daß sie bis heute nicht kastilisch ›Patata‹, sondern lateinamerikanisch ›Papa‹ genannt werden, ist damit zu erklären.

Teneriffa
PARQUE NACIONAL DEL TEIDE
Las Cañadas
Pico del Teide
Panorama
3715
Candelaria
Basilica
Arafo
Güimar
Valle de Güimar
Malpaís
Puerto de Güimar
Mirador de Don Martín
Lomo de la Montaña
La Ladera
Los Nitos
Lomo de los Pinos
Cueva del Barranco de Herque
Fasnia
El Tablado
Fondeadero de Fasnia
Punta la Canal
Punta de Honduras
Arico
Arico el Nuevo
Arico Viejo
Lomo de Arico
Poris de Abona
Punta La Ternera
Carretera del Sur
Carretera Dorsal
Montaña de Guamasa
El Portillo
Centro de Visitantes
Observatorio Meteorológico de Izaña
Observatorio Astronómico del Teide
Volcán de Fasnia
Montaña Blanca
Montaña de los Tomillos
Abejera Grande
Laderas del Teide
Los Frontones
La Vista del Cedro
Volcán de la Botija
Pico Viejo
La Asomada del Gato
Los Hoyos
Los Pinos Altos
Chío
Chiguergue
Guía de Isora
Tejina
El Jaral
Las Animas
El Grillo
Boca de Tauce
Llano de Ucanca
Cañada de los Azulejos
Zapato de la Reina (roca)
Los Roques
Parador Nacional de las Cañadas
Ermita de las Nieves
Guajara
2715
Paisaje Lunar
Sombrero de Chasna
Montaña Colorada
Las Lajas
Vilaflor
Ermita de San Roque
Montaña del Pozo
Montañas Colorados
Los Llanitos
Las Calderas
Lomo Largo
La Madre del Agua
Hoya Honda
Llano de las Lajitas
Cañada de la Grieta
Colmenas
El Retamar
Chiqueros
Cerrillar
Abreo
Granadilla de Abona
Charco del Pino
San Miguel
Montaña Gorda
Chimiche
El Río
Las Vegas
Los Blanquitos
San Isidro
El Médano
Granadilla d.A./El Médano
Autopista del Sur
Montaña de Ifara
Parque Eólico
Arona
Valle de San Lorenzo
Mirador de la Centinela
Aldea Blanca del Llano
Chimbesque
Buzanada
Cabo Blanco
Adeje
Barranco del Infierno
Roque de los Brezos
Roque del Conde
Taucho
La Boca del Paso
Tijoco de Abajo
Playa de las Américas
San Eugenio
Los Cristianos
Torviscas/Playa Fañabe
La Caleta
El Roque
Fiesta Floral
Callao Salvaje
Puerto de los Mozos
Ricasa
Los Castillos
Las Hiedras
El Amparo
Los Llanos
Ruigómez
Gordo
Montaña de Abeque
Montaña del Estrecho
Barranco del Agua
Montaña Roja
Montaña de la Negrita
Punta de Abona
Centinela
Abades
San Miguel de Tajao
Punta del Sordo
Punta del Camello
Punta del Tanque de Vidrio
Ensenada de Abades
Playa del Medio
72
49
28
27
21
16
30
44
68

Wo gibt es was?

Fähnchennummer = Textnummer ❶ = Auskunft

Teide-Nationalpark ①–④

Mit 3715 m ist der Pico del Teide der höchste Berg Spaniens. Der Name wird auf das Guanchen-Wort ›Echeide‹ (Hölle) zurückgeführt: Für die Ureinwohner war der gesamte Bereich um den hoch aufragenden Vulkankegel tabu. Sie vermuteten dort den Sitz der bösen Gottheit Guayota, die Feuer und Verderben über die Insel schleuderte. Der Gipfelstock des Teide (*La Rambleta*) entstand vor ca. 500 000 Jahren – etwa gleichzeitig mit dem knapp westlich gelegenen *Pico Viejo* (3134 m), der zuletzt 1706 ausbrach –, die im Winter schneebedeckte, 200 m hohe, zuckerhutähnliche Spitze (*Pitón*) erst später.

Südlich des Gipfels erstreckt sich die Vulkan-Caldera der *Cañadas*, ein 17 km langer, steilwandiger Krater, dessen Gesteine älter sind als die des Bergs. Sie gaben dem 1954 gegründeten Nationalpark **Las Cañadas del Teide** (ca. 20 000 ha) den Namen; er wird heute jährlich von über 2,5 Mio. Menschen besucht. Im gesamten Parkgebiet gelten strenge Schutzbestimmungen für Flora, Fauna und Gesteine; an den Hängen des Bergs gedeihen mehrere endemische Arten, darunter Teide-Ginster, Roter Natternkopf und Teide-Veilchen. Quer durch den Nationalpark verläuft eine Straße mit mehreren reizvollen Aussichtspunkten.

Aufstieg zum **Pico del Teide** ①: In den Gipfelbereich des Teide (warme Kleidung erforderlich!) gelangt man mit der Drahtseilbahn *Teleférico* (erste Auffahrt ca. 9 Uhr, letzte ca. 16 Uhr; Wartezeiten von bis zu 2 Std. einkalkulieren). Die Fahrt endet an der Plattform *La Rambleta* (3555 m). Der weitere Aufstieg zum Gipfel ist beschränkt: Maximal 50 Personen dürfen sich dort gleichzeitig aufhalten; nur eine spezielle Route darf begangen werden.

In der Nähe der Talstation des Teleférico liegt der *Parador Nacional de las Cañadas*, das höchstgelegene Haus dieser staatlichen Hotelkette in Spanien. Direkt gegenüber an der anderen Straßenseite befindet sich der vielbesuchte **Mirador Los Roques** ②: Die *Roques de García*, rund 50 m hohe, aus der Lava gewachsene, verwitterte Felsnadeln, sind ein Wahrzeichen Teneriffas und der gesamten Kanaren. Man blickt von hier über die bizarre, von vulkanischen Kräften geschaffene Ebene *Llano de Ucanca* bis hinüber zur Schlucht *Boca del Tauce* (6 km westl.).

Nur auf Wanderwegen erreichbar sind die südöstlich der Roques gelegenen Tuffsteinhänge der **Paisaje Lunar** ③, d.h. ›Mondlandschaft‹. Die merkwürdigen Gebilde aus Tuff wurden von Wind und Sand zu Kegeln, Türmen und Riffs geschliffen. Die Erosion dauert an, so daß sich die Formen der Landschaft ständig verändern.

In **El Portillo** ④, direkt an der C-821, befindet sich das Informationszentrum des Nationalparks (derzeit nur mo–fr 9–16 Uhr). Es informiert ausführlich über die Entstehung der vulkanischen Landschaft sowie Flora und Fauna im Nationalpark. Hier gibt es auch einen Shop mit Broschüren und Büchern. Zudem werden von hier aus geführte Wandertouren angeboten.

Wanderungen: Ein anspruchsvoller Aufstieg führt zur Schutzhütte *Refugio de Altavista* (im Sommer begrenzte Übernachtungsmöglichkeit), auf halber Strecke zwischen Teide und dem Gipfel der benachbarten *Montaña-Blanca*-Gruppe (›Weiße Berge‹). Dabei wird auch die am Nordabhang des Teide versteckte *Cueva del Hielo* (›Eishöhle‹) besucht, in der sich oft noch im Sommer Schneereste halten.

Umgebung: Bei El Portillo zweigt die *Carretera Dorsal* (C-824), die ›über den Rücken‹ der Insel in Richtung La Laguna/ Santa Cruz verlaufende Straße, nach Osten ab. Nach 6 km führt eine Nebenstrecke zum *Observatorio Meteorológico de Izaña*. Das seit den 1970er Jahren bestehende astrophysikalische Observatorium wird von rund 30 internationalen Forschungsinstitutionen betrieben und zählt zu den bedeutendsten seiner Art in Europa (Besichtigungen nur für Gruppen, Voranm. unter Tel. 605200).

❶ Informationszentrum des Nationalparks in El Portillo; Nationalparkbehörde ICONA in Santa Cruz, Tel. 290129.

Güimar ⑤

Landwirtschaftszentrum (14 000 Einw.) an der Ostküste. In der Umgebung werden auf Trockenfeldern aus zerkleinertem Bimsstein (span. ›Jable‹), der den Tau der Nacht speichert und bei Tage an die Pflanzen abgibt, Obst, Kartoffeln, Wein und Gemüse angebaut. Der Tourismus ist hier eher unbedeutend. In vorspanischer Zeit war Güimar Sitz eines Mencey, der mit den anderen Guanchen-Fürsten in Fehde lag.

Sehenswert sind die in der Umgebung entdeckten Kultstätten aus der Guanchen-Zeit, die sogenannten Pyramiden von Güimar. Unter Mitarbeit des prominenten Experimental-Archäologen Thor Heyerdahl wurden sie in einen ›Ethnografischen Park‹ integriert, der im Herbst 1997 eröffnet wurde. Gezeigt werden Funde aus der Guanchen-Zeit sowie Dokumentationen zum anthropologischen Hintergrund der Pyramiden, die den Guanchen offensichtlich als Kultstätten gedient haben (Av. Venezuela 114, tgl. 9.30–18 Uhr).

Veranstaltungen: Patronatsfest San Pedro (22.–29. Juni); Fiesta der Señora del Perpetua Socorro (7. Sept.).

Umgebung: Eine propere, für ihren stets sorgsam gepflegten Blumenschmuck bekannte Landgemeinde ist *Arafo* (3 km nördl.). Sie gilt auch als Musikerdorf: An keinem Ort der Insel gibt es mehr Musikgruppen, Chöre und Orchester. Aus der Gegend stammt ein geschätzter Ziegenkäse. Am 27. August feiert man das Fest des Schutzpatrons San Juan Degollado.

Arico ⑥

An den Hängen der Cañadas gelegene Gemeinde mit mehreren Ortsteilen. In der Umgebung werden aromareiche Weine sowie ein hervorragender Ziegenkäse hergestellt. In letzter Zeit haben Projekte des ländlichen Tourismus in der Umgebung des Dorfs Fuß gefaßt.

Aktivitäten: Wanderungen in den Cañadas; Besichtigung der Wein- und Käsegenossenschaft.

Veranstaltung: Sonnenwendfest San Juan (24. Juni).

Umgebung: Bei dem kleinen Hafenort *Porís de Abona* (5 km östl.) wurden 1997 Grabstätten und Menschenknochen aus der Guanchen-Zeit gefunden. Weiter südlich die beliebten Strände *Playa Grande*, *Playa El Cardón* und *Playa de los Abrigos*. Das Hügelgebiet *Montaña de la Centinela* (3 km südl. Porís) steht unter Naturschutz.

Vilaflor ⑦

Die auf ca. 1500 m Höhe an den Hängen der Cañadas gelegene Gebirgsortschaft zählt zu den charaktervollsten Dörfern der Insel. Vilaflor ist die höchstgelegene geschlossene Siedlung der Insel und eine der höchstgelegenen, ganzjährig besiedelten Ortschaften Spaniens. Das Klima ist auch im Sommer zumeist luftig und frisch, was viele Tagesgäste aus den Küstenbereichen anzieht. In der Umgebung werden Wein, Kartoffeln, Obst, Schnittblumen und Gemüse angebaut. Im Ort werden die als Souvenirs beliebten, handgefertigten Spitzen (Rosetas) hergestellt.

Sehenswert: Wahrzeichen des Ortes ist der Berg *Sombrerito* (2500 m), nach dem auch ein örtliches Mineralwasser benannt ist. Die gesamte, vorbildlich gepflegte Altstadt prägen Häuser im altkanarischen Stil. Vom Mirador del Pino Gordo oberhalb des Orts eröffnet sich ein grandioser Blick auf die Ortschaft und die Umgebung.

Tip: Zu empfehlen sind die Landgaststätten von Vilaflor, die schmackhafte Traditionsgerichte anbieten (›Casa Chico/El Sombrerito‹, ›Germán‹, ›Los Molinos‹, ›Chasna‹, ›Manolo‹).

Aktivitäten: Wandern in den Cañadas; Fahrradfahren (Mountainbike-Verleih in Playa de las Américas).

Umgebung: Nahe der Straße, die zur *Boca de Tauce* (15 km nördl.; 2046 m) führt, haben einige sehr alte, rund 40 m hohe Kanarische Kiefern überdauert. In der Landstadt *Granadilla de Abona* (12 km südöstl.) werden die Patronatsfeste San Isidro (15. Mai), San Antonio (14. Juni) und Santa Pilar (12. Okt.) ausgiebig gefeiert.

Maßstab 1 : 150.000 — 0 2 4 6 8 km

Auf zum Strand! Familien bieten die großen Hotels und Ferienanlagen der Südküste eine Fülle von Aktivitäten.

Teneriffas Süden: Urlaub auf der ganzen Linie

Mit der Stille ist es auch an der Costa del Silencio vorbei – endgültig. Los Cristianos, Playa de las Américas und El Médano heißen die aus dem Boden gestampften Ferienstädte des 20. Jahrhunderts. Binnen weniger Jahre verwandelten findige Fremdenverkehrs-Manager den kargen Süden der Insel in eines der größten Urlaubszentren ganz Spaniens. Touristische Vergnügungen jeglicher Couleur für ein internationales Millionenpublikum – so lautet hier die Devise. Wer Sport, Spaß und Spiel sucht, ist hier goldrichtig. Auf rund 300 Sonnentage im Jahr kann er zählen.

△ *Phantasievolle Architektur: das Luxushotel Bahía del Duque in Playa de las Américas*

Letzte Kontrolle: Tauchschüler machen sich bereit ▽

△ Alles fürs Strandvergnügen bietet die Bucht von Playa de las Américas

Schattenplätze sind begehrt ▽

Nur eine von ungezählten: Discos, Bars und Pubs gibt es fast so viele wie Sand in der Bucht am Meer ▽

Playa de las Américas – welch eine Karriere! Wer den Süden Teneriffas vor dreißig Jahren besucht hat und heute dorthin zurückkehrt, wird durchatmen müssen. Wo damals Ziegen grasten, ist ein gigantisches Ferienzentrum für Abertausende von Touristen herangewachsen. Dicht gedrängt stehen Hochhäuser, Einkaufszentren, Hotels, Appartements, Bars, Vergnügungs- und Sportstätten, Pubs und Restaurants. Playa de las Américas, der Kern des Ballungsgebiets, kann seiner Bettenkapazität nach mehr als 100 000 Urlauber aufnehmen.

In zweifacher Hinsicht also gibt es auf Teneriffa ein Nord-Süd-Gefälle: Das eine schuf die Natur – der Norden ist feucht und grün, der Süden eher trocken und karg –, das andere der Mensch: Während im Norden, Puerto de la Cruz eingeschlossen, touristische Einrichtungen eher klein oder von mittlerer Größe sind, dominiert an der Südküste der Massentourismus.

Macht der Süden Schule?

Die Meinungen dazu sind natürlich gespalten. Viele Tinerfeños befürworten das Beispiel von Playa de las Américas: Es beschert der Insel Arbeitsplätze, Wachstum und enorme Steuereinnahmen. Adeje, zu dessen Verwaltungsgebiet Playa de las Américas zählt und das zu den finanzstärksten Gemeinden der Insel gehört, kann sich mit einer Arbeitslosenquote von nahezu null Prozent brüsten. Voller Neid blickt man darauf auch von den Nachbarinseln: So mancher Kommunalpolitiker auf La Palma oder La Gomera träumt von einer ähnlichen Entwicklung auf seiner Insel.

Doch die Kritik artikuliert sich zunehmend deutlich. Sie ist einerseits wirtschaftlicher Art: Spekulanten haben ganze Küstenareale aufgekauft und zubetoniert – der Zorn in der Bevölkerung über die Tatsache, daß meist ausländische Agenturen oder vermögende Privatnutzer an den reizvollsten Stellen Villen, Chalets oder ganze Hotelkomplexe erworben haben, wächst beständig.

Noch älter aber sind die Warnungen der Umweltschützer: Die Großhotels verbrauchen Unmengen der ohnehin knappen Wasservorräte. Nicht

△ *Reitsport, einmal anders: Früher dienten die Dromedare als Arbeitstiere in der Landwirtschaft*

Phantastische Artenvielfalt: Cactus Park bei Los Cristianos ▽

Kinder haben den größten Spaß im Parque Ecológico las Aguilas del Teide ▽

Ansichten vom Surfen: Die einen wehren sich hartnäckig, ... ▽

... die anderen gehen ohne ihr Brett nicht aus dem Haus ▽

gelöst ist das Abwasserproblem. Zwar wurden Kläranlagen gebaut, doch halten Experten sie für unzulänglich, und manche funktionieren nur teilweise. Gleiches gilt für die Beseitigung der Müllberge. Die Behörden sind mit der Entsorgung weitgehend überfordert – manchmal wird der Müll einfach in die Landschaft gekippt. Und wiederholt wurden sogar ökologische Schutzgebiete beim Bau neuer Anlagen empfindlich in Mitleidenschaft gezogen.
Inzwischen versuchen Kommunalpolitiker oder Naturschutzinitiativen zu retten, was noch zu retten ist. Neue Schutzgesetze wurden erlassen – doch nicht immer werden sie wirksam umgesetzt und kontrolliert. Macht und Einfluß der Bauunternehmer, Hotelketten und Touristikfirmen sind nach wie vor immens. Und nicht selten erhalten sie Flankenschutz von örtlichen Politikern.

Urlaubsspaß, Kinderglück

Playa de las Américas, Los Cristianos, El Médano: Wer sich in den großen Urlaubszentren im Süden Teneriffas einmietet, wird bald erleben, wie die Fitneß-, Fun- und Entertainment-Anbieter förmlich vor seinem Hotel Schlange stehen. Stark umworben sind vor allem die sportlichen Naturen: El Médano, um nur ein Beispiel zu nennen, ist zur internationalen Hochburg der Wellenreiter und Windsurfer geworden. Die Könner demonstrieren dort Akrobatik pur – wer sich angesporn fühlt, kann sich in der Bretterkunst vor Ort bis zur Meisterschaftsreife unterweisen lassen.
Ebenso breit wie für die Sportler aber ist der Fächer der Aktivitäten speziell für Kinder. Im Aquapark Octopus stürzen sie sich kreischend in die Wildwasserrutschen, und im Camel Park sieht man ganze Familien auf Dromedaren durch die Landschaft schwanken, manche ängstlich blickend, die meisten aber freudestrahlend. Exotenfauna – Elefanten, Flußpferde, Pinguine, Krokodile und Adler – bietet der Parque Ecológico las Aguilas del Teide, und als Clou besonderer Art gilt die Fahrt mit der ›Golden Trout‹, dem U-Boot, durch dessen Scheiben man mit etwas Glück Delphine, vielleicht sogar Wale beobachten kann.

△ Für Fortgeschrittene: Windsurfen vor El Médano …

… und Golf bei San Miguel de Abona ▽

△ Surferglück: Wind und Wellen wie bestellt

△ Zwei Wirtschaftsfaktoren: Tomatenzucht und Chartertourismus

Delphin oder Wal? Jagd ohne Harpune bei Los Cristianos ▽

Wer lange genug sucht, findet seine Robinson-Bucht: La Rajita nördlich von El Médano ▽

Tomaten rund ums Jahr

So dreht sich im Süden fast alles um die sonnenhungrigen ›Turistas‹. Doch eben nur fast alles; denn noch gibt es sie, die Landwirtschaft, von der man hier fast ausschließlich lebte, bevor die Jumbos einschwebten und Bauern zu Kellnern, Portiers und Surflehrern wurden.

Doch hat sich auch die Landwirtschaft gewaltig verändert. Die uralte Technik des Trockenfeldbaus etwa, bei der ein bestelltes Feld mit porösem Bimsstein bedeckt wird, der den Tau der Nacht aufsaugt und am Tag an die Pflanzen weitergibt, sieht man nur noch oben in den Bergen, bei Arona, Granadilla und auf dem Weg nach Vilaflor. Im Küstenbereich dagegen herrschen schon seit langem die Großanlagen vor: Bananenplantagen, Schnittblumenfelder und vor allem Tomatenpflanzungen.

Die rote Frucht, sowohl als große Fleischtomate als auch als aromareiche Cherry-Tomate, ist ein Exportschlager: 130 000 Tonnen werden jährlich auf Teneriffa geerntet und zum allergrößten Teil exportiert. Ihre Saison reicht von November bis Mai, wenn in Nordeuropa der Winter regiert, die Märkte aber dennoch Tomaten bereithalten wollen. Geschmacklich hat man viel experimentiert: Die Sorten ›Monica‹ und ›Daniela‹ gelten als besonders gelungen, zumal sie außerdem sehr gut haltbar sind. Kein unwichtiger Punkt: Der Transport per Schiff nach Southampton oder Rotterdam dauert runde fünf Tage.

Alles Banane?

Haltbarkeit – das ist auch für die Bananenpflanzer ein wichtiges Kriterium. Und da ihr Produkt, die kanarische Zwergbanane, dünnschaliger und deshalb anfälliger ist als die optisch ansprechendere Chiquita aus Lateinamerika, wird es immer schwerer, mit der krummen Frucht auf den grünen Zweig zu kommen. Der Export ist seit langem rückläufig, und die hohen Betriebskosten – Stichworte sind zum Beispiel: Bau von Windschutzmauern, aufwendige Bewässerung, teure Verpackung, hohe Transporteinbußen – treffen vor allem die kleineren Erzeuger mit Anbauflächen von weniger als einem Hektar hart.

△ Schnittblumen sind eine neue Plantagenfrucht, … … seit Bananen in die Krise gerieten ▽

Im unteren Abschnitt bequem zu bewältigen ist die ›Höllenschlucht‹ bei Adeje ▽

△ Die größten Blumenfarmen gibt es bei San Juan

Ursprüngliche Flora in der ›Höllenschlucht‹ ▽

Blumenzucht in San Juan

Bleiben damit nur der Verkauf und die Umwandlung der Plantage in einen Freizeitpark? Ein anderer Landwirtschaftszweig bietet Alternativen und gute Zukunftschancen: die Zucht von Blumen. Wo auch im Winter bis zu 100 000 Lux gemessen werden können, lohnt sich die Investion in automatisch gesteuerte Bewässerungssysteme, Kühlräume und Verpackungsanlagen.

Bei San Juan nahe der Küste ist all das vorhanden. Dort sieht man die Strohhüte der Arbeiterinnen zwischen langen grünen Reihen und auf den Zuchtplantagen schwarze Kunststoffplanen, mit denen die Schößlinge vor starkem Wind und zu grellem UV-Licht geschützt werden. Im Export erfolgreich sind Rosen, Nelken, Chrysanthemen, Geranien, Gladiolen, Strelitzien und Astern. Und im Dezember und Januar blühen die Weihnachtssterne – auch als Souvenir schon ein Klassiker.

Ganz gemach durchs Höllental

Barranco del Infierno, Tal der Hölle – ein dramatischer Name, fürwahr. Wir wandern, nein spazieren, während wir uns die Frage nach dem Grund für den Namen stellen, gemächlich aufwärts. Rechts Berglavendel und Margeriten, links Feigenkaktus und Taibaba-Bäumchen. Vor uns zwitschernde Vögel – eine paradiesische, friedvolle ›Hölle‹.

Doch es geht, jedenfalls den Namen nach, infernalisch weiter: Bailadero de las Brujas, Tanzplatz der Hexen, heißt ein Aussichtspunkt, den wir passieren: Ein schöner Blick in ein Seitental – das Versteck der Hexen bei Tage? Dann eine Höhle, in der einst Guanchen gelebt haben – und endlich, unmerklich zunächst, wird das Tal eng und dunkler. Es ist deutlich kühler, die Felswände, die nun beiderseits zum Himmel wachsen und den zuvor breiten Pfad zum Hohlweg verengen, tragen Moos.

Und dann ist er erreicht – und eine Enttäuschung. Der Wasserfall, Ziel unserer Tour ab Adeje, ist ein Rinnsal. Doch was erwarten wir? Es ist Hochsommer, Trockenzeit im Süden Teneriffas. Still! Wartet nur, scheinen Brujas hinter dem Schleier fallenden Wassers zu flüstern, wartet, bis der Regen ins Höllental kommt …

Teneriffa
PARQUE NACIONAL DEL TEIDE
Las Cañadas
Pico del Teide 3715
Panorama
Pico Viejo 3134
Montaña Blanca
Puerto de las Cañadas
Llano de Ucanca
Boca de Tauce
Los Roques
Parador Nacional de las Cañadas
Sombrero de Chasna
Montaña Colorada
Volcán de la Botija
La Asomada del Gato
Los Pinos Altos
Los Hoyos
Acantilado de los Gigantes
Los Gigantes
Puerto de Santiago
Tamaimo
Arguayo
Chío
Guía de Isora
Chirche
Alcalá
La Tablada
Tejina
San Juan
Playa de San Juan
Abama
Callao Gordo
Tijoco de Abajo
Taucho
Armeñime
El Grillo
La Boca del Paso
Barranco del Infierno
Adeje
Roque de los Brezos
Roque del Conde
La Caleta
Playa Fañabe
San Eugenio
Playa de las Américas
Los Cristianos
Ferry a la Gomera
Arona
Valle de San Lorenzo
Mirador de la Centinela
Vilaflor
Montaña del Pozo
Los Llanitos
Las Calderas
Lomo Largo
La Madre del Agua
Granadilla de Abona
Charco del Pino
San Miguel
Aldea Blanca del Llano
Chimbesque
El Cabuquero
Cañada Blanca
Guaza
El Palm-Mar
Punta de la Rasca
Costa del Silencio
Las Galletas
Chasna
Aeropuerto Reina Sofía (Tenerife Sur)
Montaña de Ifara
San Isidro
El Médano
Punta Roja
El Abrigo
Chimiche
El Río
Carretera del Sur
Lomo de Arico
Arico
Arico el Nuevo
Arico Viejo
Hoya Honda
El Retamar
Lomo de los Pinos
Los Nitos
Fasnia
La Zarza
Cueva del Barranco de Herque
Playa de la Arena
Playa de la Barrera
Punta del Cangrejo
Punta de las Gaviotas
Punta de la Rasca
Punta del Camello
Punta del Sordo
San Miguel de Tajao
Costa del Silencio

Wo gibt es was?

Fähnchennummer = Textnummer ℹ = Auskunft

Los Cristianos ①

Zusammen mit Playa de las Américas, mit dem es fast zusammengewachsen ist, bildet das eigentlich zur Gemeinde *Arona* (Hauptort 10 km landeinwärts) zählende Los Cristianos das größte Fremdenverkehrszentrum Teneriffas. Der 400 m lange Sandstrand umschließt eine durch Dämme vor den starken Winden geschützte Bucht – mit deren Sauberhaltung die Behörden in der Vergangenheit ihre Mühe hatten: Seit im Sommer 1993 ein Badeverbot verhängt werden mußte, dürfen Boote die Bucht nicht mehr befahren.
Sehenswürdigkeiten im klassischen Sinn findet man kaum. Mehr oder weniger moderne Hoteltürme beherrschen das Bild; nur einige historische Bauten rings um Plaza und Hafen konnten überdauern. Vom Hafen fahren die Fähren nach Gomera und Hierro ab. Zudem starten hier spezielle Boote zur Walbeobachtung und zum Hochseeangeln, daneben Segeltörns und Fahrten mit alten ›Piratenschiffen‹.
Aktivitäten: Tennis im Valle de San Lorenzo bei Arona (Tenniscenter Florida); Hochseeangeln, Walbeobachtung, Segeltörns. Reiterhof (Centro Hípico del Sur) an der Straße nach Buzanada (3 km östl.).
Veranstaltungen: Karneval (Febr./März). Patronatsfest Nuestra Señora del Carmen (16. Juli bzw. 30. Aug.).
Umgebung: Bei *Guaza* (7 km östl.) der *Camel Park* (tgl. geöffn.), der Ausflüge und Safaris mit Kamelen anbietet. Nebenan bei Llano Azul-Arona (an der Südautobahn zwischen Ausfahrten Los Cristianos und Las Galletas) der vielbesuchte *Cactus Park*, ein Botanischer Garten mit vielen Kakteen und anderen Wüstenpflanzen. Äußerst beliebt ist der *Parque Ecológico las Aguilas del Teide* (Straße nach Arona, km 3, tgl. 9–18 Uhr). Er zeigt auf 75 000 qm großem Gelände subtropische Vegetation und Großtiere wie Krokodile, Elefanten, Flußpferde etc.; außerdem finden Vorführungen mit Greifvögeln sowie eine nächtliche Unterhaltungsshow (›La Isla Mágica‹, do–so ab 21.15 Uhr) mit Zauberkünsten und Tanzdarbietungen statt. In *San Miguel de Abona* (15 km östl.) werden Reitausflüge (Rancho Grande) angeboten; in der Nähe der Golfplatz ›Golf del Sur‹ (27 Löcher).
ℹ s. Playa de las Américas.

Playa de las Américas ②

Vor drei Jahrzehnten noch karges Küstenland, erhebt sich hier heute ein riesiges Ferienzentrum internationalen Zuschnitts. Das auch als ›Costa Adeje‹ bezeichnete Ballungsgebiet nimmt für sich in Anspruch, mit über 10 000 Betten rund 40% der touristischen Kapazität Teneriffas zu besitzen. Mit der Schwesterstadt Los Cristianos ist der Ort durch die Autopista del Sur verbunden, die auch zum Südflughafen Reina Sofía (14 km östl.) führt. Die Stadt verfügt über einen Yachthafen, mehrere geschützte Sandstrände und eine lange Strandpromenade.
Sport: Segeln (Puerto Deportivo Colón), Tauchen (Gruber's Dive Center, Tauchschule Barakuda), Tennis. Fitneß im Biozentrum des Hotels ›Jardín Tropical‹.
Aktivitäten: Busausflüge (mehrere Agenturen); Auto- und Fahrradverleih).
Shopping: Kunsthandwerk im ›Kiosco Artenerife‹.
Nachtleben: Disko ›Prismas‹, Casino im Hotel ›Gran Tinerfe Sur Lago‹ (Av. Marítima). Renommierte Gourmet-Restaurants sind ›El Patio‹, ›El Duque‹ und ›Casa Vasca‹.
Umgebung: Bei *San Eugenio Alto* (4 km nördl., tgl. 10–18 Uhr) *Aquapark Octopus* mit Plansch- und Schwimmbecken, Wasser- und Wildwasserrutschbahn – ideal für Familien mit Kindern. Weiter an der Küste das leider längst nicht mehr beschauliche Fischerdorf *La Caleta* (6 km nordwestl.) mit der steinigen Playa de las Puntillas und guten Fischrestaurants. In der Umgebung werden vornehmlich Bananen angebaut.
ℹ Touristen-Info im Pueblo Torviscas (gegenüber Hotel La Pinta) und City Center; Tel. 797668 und 750633.

Adeje ③

Hauptort des ca. 100 qkm großen Gemeindebezirks, zu dem auch Playa de las Américas gehört. Daß Adeje von den dort erwirtschafteten Steuereinnahmen kräftig profitiert, bezeugt die große Zahl von mit aufwendigen Materialien errichteten Gebäuden. In vorspanischer Zeit war der Ort Sitz des Guanchen-Fürsten Tynarf (Tinerfe).
Sehenswert: Die wehrhafte Casa Fuerte stammt aus dem späten 16. Jh. Die Pfarrkirche Santa Úrsula, errichtet auf den Fundamenten einer Kapelle aus dem 16. Jh., birgt ein Altarbild der Ortsheiligen Nuestra Señora de la Encarnación, eine kunstvolle Artesonado-Decke und französische Gobelins (17. Jh.). Durch den deutschen Kinderbuchautor und -illustrator Horst Eckert (Künstlername Janosch) wurde die Bar ›Oasis‹ bekannt; Eckert schrieb ein Theaterstück, das teilweise in der Bar spielt. Eine Attraktion für Wanderer ist die oberhalb des Orts gelegene ›Höllenschlucht‹ **Barranco del Infierno**. Ein Wanderweg beginnt am östlichen Ortsrand und führt dann einige Kilometer durch das Schluchttal bis zu einem Wasserfall, der aber nur nach heftigem Regen Wasser führt. Die Schlucht verfügt über eine reichhaltige Fauna (diverse Singvögel) und Flora (u. a. Opuntien, Euphorbien, Berglavendel und Margeriten). Geführte Wanderungen organisiert ›Timah‹ Bergwandern, Tel. 710242.
Veranstaltungen: Patronatsfeste San Sebastián (20. Jan.), Santa Úrsula (21. Okt.); Ausstellungen im Centro Cultural.
ℹ s. Playa de las Américas.

San Juan ④

In dem kleinen Fischerort ist man dem Rummel der Touristenhochburgen noch großteils entrückt. Neben dem Fischfang trägt der Anbau von Bananen und Blumen zum Einkommen bei. Nördlich und südlich der Ortschaft liegen zwischen Felsen einige kleinere Strände aus schwarzem Lavasand; San Juans Klima ist extrem sonnenreich, allerdings auch häufig recht windig.
Aktivitäten: Baden, Surfen, Tauchen.
Umgebung: Landeinwärts liegt das Straßendorf *Guía de Isora* (9 km östl.) mit der sehenswerten Kirche Virgen de la Luz (Mudéjar- und Renaissance-Architektur). Der nahegelegene Cinyero-Vulkan brach zuletzt 1909 aus, die Lava- und Schlackefelder sieht man noch heute.
Veranstaltungen: Fiesta del Volcán in Guía de Isora zur Erinnerung an den Vulkanausbruch (3. So im Nov.). Patronatsfest Señora de la Luz (21. Sept.).
ℹ s. Los Gigantes.

Los Gigantes ⑤

Den Ort mit seinen Apartmentanlagen und dem Hafen erreicht man über eine steile Straße. Größte Sehenswürdigkeit sind die namengebenden Steilfelsen, die an einigen Stellen bis zu 200 m senkrecht zum Meer abfallen. Im Hafen starten Ausflugsfahrten zu den Felsen uns entlang der Küste des Teno-Gebirges (u.a. Masca-Schlucht).
Umgebung: *Puerto de Santiago* (2 km südl.) war früher der Hafen der Thunfischjäger (Saison April–Nov.); heute ist der Tourismus das einträglichere Geschäft. Knapp außerhalb die recht gepflegte *Playa de la Arena*; bei starkem Wellengang ist das Baden hier jedoch nicht ungefährlich.
ℹ Infozentrum an der Playa de la Arena, Tel. 100348.

El Médano ⑥

Nahe dem Südflughafen Reina Sofía gelegener ehemaliger Fischerort, heute weltweit bekannt als Surferzentrum. Der fast ständig blasende Wind schafft ideale Wellen, trägt zum Unmut der Badegäste aber auch Flugsand herbei. Im Umkreis einige große Tomaten- und Bananenplantagen.
Aktivitäten: Surfen (Surfschulen ›Playa Sur Tenerife‹, ›Sunwind‹, ›Surf City‹). Baden an den Sandstränden Playa de la Rajita oder Playa de la Tejita.
Umgebung: Westlich von El Médano erstreckt sich die *Costa del Silencio* mit den Fischerdörfern *El Abrigo* und *Las Galletas* (gute Fischrestaurants). Im Hafen von Las Galletas starten auch Unterwasserexkursionen mit speziellen U-Booten (›Yellow Submarine‹/›Golden Trout‹).
ℹ Infostand im Südflughafen Reina Sofía, Tel. 773067.

Maßstab 1 : 150.000 0 2 4 6 8km

Wie Wattebäusche liegen die Passatwolken auf den über 2000 Meter hohen Gipfeln im Nationalpark Caldera de Taburiente, La Palmas Sehenswürdigkeit Nummer eins.

Grünes La Palma, wild und gebirgig

Immer wieder ist auf den Kanaren vom Passat die Rede, jenem Dauerluftzug aus Nordost, den die Engländer ›trade winds‹ nennen, weil er Schifffahrt und Handel befördert. Mindestens so segensreich aber wirkt er für die Vegetation: Nur der Passat bringt den Regen, der Drachen- und Lorbeerbaum, Weinrebe und Palme gedeihen läßt. Nirgends läßt sich das besser ermessen als auf La Palma: Diese Insel ist ein Kind des Passats. Und wahrlich das grüne Herz des Archipels.

△ Hafen mit großer Tradition: Santa Cruz de la Palma

In Hafennähe: Holzbalkone im Kanarenstil ▽

△ Im Herzen der Altstadt: die Plaza de España mit der Erlöserkirche

△ In den Gassen zeigt Santa Cruz das typische Bild einer spanischen Kleinstadt

Berge von Früchten in der Markthalle ▽

Kreisrund und schroff ragt sie aus dem Meer, gerade einmal 25 Kilometer von Teneriffa entfernt und doch eine andere Welt: ›La isla bonita‹, die ›schöne Insel‹ La Palma, fruchtbar und von dichtem Grün bewachsen. Auch ihre Hauptstadt – Santa Cruz zwar mit Namen wie die Metropole der populäreren Nachbarinsel – ist aus anderem, weicherem Holz geschnitzt. Sie ist kein internationaler Umschlagplatz für Waren, Nachrichten und Namen, kein Laufsteg für Trendsetter, sondern eine gemächliche, rechtschaffene Kleinstadt. Dabei war es einmal ganz anders …

Hafen zur ›Neuen Welt‹

Wir stellen die Uhr um fünf Jahrhunderte zurück. Und treffen auf eine Stadt voller Energie, die vom Amerikahandel profitiert und lukrative Geschäfte mit den spanischen Überseebesitzungen macht. Schon kurz nach der Inbesitznahme La Palmas durch Spanien 1492 besitzt Santa Cruz eine der größten Handelsflotten des Reichs. Fast über Nacht ist es zur wichtigsten Zwischenstation für die Schiffe geworden, die die Spanier in der ›Neuen Welt‹ mit Getreide und Wein, Bauholz und Vieh, Tierhäuten und Obst versorgen. Neben Sevilla und Antwerpen ist es die einzige Stadt im spanisch-habsburgischen Weltreich, die von Kaiser Karl V. das Recht zum Handel mit Westindien erhält. Alle über den Atlantik fahrenden spanischen Schiffe müssen sich hier registrieren lassen; 1588 wird sogar das oberste Kolonialgericht hier eingerichtet. Die Kauf- und Handelsleute schwimmen im Geld. Ihr Vermögen stecken sie in pompöse Paläste, Kirchen und Bürgerhäuser.
Doch schon im 17. Jahrhundert ist der Glanz wieder verflogen. Santa Cruz verliert seine Privilegien, Stagnation macht sich breit. Nur die prachtvollen Bauten überdauern – viele von ihnen bis in die heutige Zeit. Ihretwegen gilt Santa Cruz als eine der schönsten Städte des Archipels.

Von Zuckerrohr und Seide

Sichtbare Zeugnisse aus der glanzvollen Zeit haben aber auch die Dörfer der Insel noch aufzuweisen.

△ Frühmorgens: Blick in die Caldera de Taburiente, …

… wo auf Vulkanasche Blumen gedeihen ▽

Der Regen, aber auch Quellwasser speist die dichte Vegetation im Lorbeerwald ▽

Wandern im Barranco de las Angustias, durch den die Caldera entwässert wird ▽

Die nach den Sternen greifen: das Observatorium auf dem Roque de los Muchachos ▽

Erste Reichtümer erwirtschafteten die Landadeligen, die die Insel unter sich aufteilten, mit dem Anbau von Zuckerrohr. Riesige Plantagen entstanden im Aridane-Tal, und von Tazacorte an der Westküste wurden die ersten Schößlinge der Kulturpflanze nach Westindien verschifft, was die Jahrhunderte währende Verschleppung schwarzer Sklaven in die Karibik auslösen sollte. Erst als der Palma-Zucker im Vergleich zur Kolonialware zu teuer wurde, versiegte auch dieser Boom.

Ihm folgte die Zucht von Seidenraupen zur Herstellung von Naturseide. Wieder war es Karl V., der diesen Wirtschaftszweig förderte. Gegen Ende des 18. Jahrhunderts saßen in El Paso 500 Familien an den Webstühlen, und La-Palma-Seide wurde an Europas Höfen als kostbare Rarität gehandelt. Dann verschlechterten sich, wieder plötzlich, die Absatzchancen drastisch – und so fertigen heute nur noch einige wenige Frauen in El Paso den glänzenden Stoff wie zu Urgroßvaters Zeiten.

Der größte Krater der Welt

Zwei bis fünf Millionen Jahre alt, so die Experten, ist La Palmas gigantischer Vulkankessel, die Caldera de Taburiente. Der Geologe Leopold von Buch, der den Vulkan um 1820 erforschte und den Begriff ›Caldera‹ in die Fachsprache einführte, schrieb damals: ›Dies ist es, was die Insel zu einer der merckwürdigsten und belehrendsten des Oceans macht. Keine entwickelt nämlich so sehr und so deutlich die Form, mit welcher basaltische Inseln aus der Tiefe hervortreten, und keine erlaubt, so weit und so tief in ihr Inneres vorzudringen.‹ Die ganze Insel, so von Buch, sei bereits in grauer Vorzeit unter dem Meer aufgebaut und dann durch tektonische Kräfte emporgehoben worden. Eine Explosion habe die Spitze schließlich fortgesprengt, und der kreisrunde Rand, die Caldera, sei entstanden.

Von dem Engländer Charles Lyell wurde von Buch schon 1855 widerlegt: Nicht durch Explosion oder den Einsturz des Vulkandoms wurde der acht Kilometer weite Hohltrichter geschaffen, sondern durch Erosion. An seiner Nordseite, so Lyell, hält der Vulkan die Passatwolken auf. Sie

△ Bei Buracas-Las Tricias: Drachenbäume und Kakteen gedeihen hier überall

Sie kennen sich aus in Garafía und Umgebung ▽

△ Altes Kulturland, kunstvoll in Terrassen aufgebaut, …

… umgibt das Städtchen Garafía ▽

△ Würdig und uralt: Drachenbaum an der Nordküste

Über steile Felsen fällt das Land bei Garafía zum Meer hin ab ▽

entleeren sich über dem Kamm, die Regenmassen fließen zum Vulkaninneren ab. Da die Caldera aber durch den Barranco de las Angustias, das ›Schluchttal der Todesängste‹, nach Süden geöffnet ist, kann das Wasser entweichen. Dabei spült es Geröll und Erdreich mit sich fort und wäscht den Trichter beständig aus. Wer die Wanderung durch den Barranco unternimmt, erkennt leicht, daß dieser Prozeß bis heute anhält.

Die letzten Tage des Tanausú

Im ›Schluchttal der Todesängste‹ stellte sich im Winter 1492 ein kümmerlich bewaffnetes Häuflein Ureinwohner der Übermacht der spanischen Eindringlinge entgegen. Am 29. September 1492 waren die Hidalgos unter Führung Alonso de Lugos bei Tazacorte gelandet, rasch hatten sie jeden Widerstand gebrochen. Nur Tanausú, Häuptling der Aceró, war ihnen entkommen. Monatelang hielt er sich mit seinem Volk im 900 Meter tiefen Barranco verschanzt.

Mehrmals gelang es Tanausús Kriegern, den Spaniern im unwegsamen Gelände zu trotzen. Doch im Frühjahr 1493 griffen die Spanier zu einer List. Unter einem Vorwand lockten sie die Aceró aus dem Schluchttal hinaus, nahmen Tanausú gefangen und überrumpelten seine Getreuen. Der gedemütigte Fürst starb während der Überfahrt aufs spanische Festland an den Folgen eines Hungerstreiks. Noch heute tragen viele palmerische Männer seinen Namen.

Atlantischer Sternenhimmel

Auf der höchsten Erhebung der Caldera, dem Roque de los Muchachos, steht eines der bedeutendsten astronomischen Observatorien der Welt. Wissenschaftler aus mehreren europäischen Ländern arbeiten hier – und rühmen die idealen Bedingungen: absolut reine Luft und vor allem das Fehlen jeglicher künstlicher Lichtquellen im weiten Umkreis. Gesichert wird dies – ein Kuriosum – durch spezielle Lichtgesetze. Leuchtreklamen, Straßenlaternen, ja selbst Beleuchtungen bei Volksfesten dürfen auf La Palma nur schwach und nicht nach oben strahlen. Die Sternengucker auf der Caldera sollen ungestört ins Weltall spähen können.

La Palma

Santa Cruz (Tenerife)
Las Palmas (Gran Canaria)
Hierro
SANTA CRUZ de la Palma
LOS LLANOS de Aridane
El Paso
Puntagorda
Puntallana
Barlovento
Los Sauces
San Andrés y Sauces
Garafía (o Santo Domingo)
Tazacorte
Breña Alta
Breña Baja
Villa de Mazo (El Pueblo)
Tijarafe
Las Tricias
El Pinar
Caldera de Taburiente
Parque Nacional
Pico de Fuente Nueva
Roque de los Muchachos
2426
Observatorio Astrofísico
Pico de la Cruz
2351
Pico de las Nieves
2247
Panorama
Pico del Cedro
El Corralejo
Panorama La Cumbrecita (1250 m)
Lomo de la Chozas
Cumbre Nueva
Los Tilos
Cubo de la Galga
Dragos Gemelos
Llano del Blanco
Cueva de la Zarza
Mirador El Time
Museo Naval Barco de la Virgen
Castillo de Santa Catalina
Mirador de la Concepción
Aeropuerto de la Palma
Punta Gorda
Punta del Corcho
Punta Salinas
Playa de Nogales
Caleta de la Sancha
Playa de Jurado
Playa de las Vinagreras
Playa de Camarino
Playa de la Veta
Costa de Triana
Punta del Serradero
Punta de Gutiérrez
Punta de Valiero
Punta de Rabisca
Roque Negro
Punta Gaviota
Las Moradas
La Ensillada
Somada Alta
Hoya Grande
Los Brecitos
Montaña de Enrique
Volcán de San Juan
Pico Birigoyo
1
2
3
4
5
6
7
88

Wo gibt es was?

Fähnchennummer = Textnummer ❶ = Auskunft

Santa Cruz de la Palma ①

Die größte Stadt der Insel (18 500 Einw.), Sitz der Inselregierung (Cabildo Insular) und Verkehrsknotenpunkt (Fährverbindungen nach Teneriffa und Gomera; Flughafen 9 km südl.), besitzt eines der schönsten historische Stadtbilder der Kanaren. Sie wurde 1493 vom Eroberer Alonso de Lugo gegründet; nach dem Sieg ließ er am Strand das namengebende Kreuz (span. ›cruz‹) aufstellen. Eine Hochblüte erlebte die Stadt im 16. und frühen 17. Jh. durch den Handel mit Spanisch-Amerika. Aus dieser Zeit stammen die prächtigen Bürgerhäuser, Kirchen und Adelspaläste der Stadt.

Sehenswürdigkeiten: An der Uferstraße (Av. Marítima) ist eine Reihe von Bürgerhäusern des 16./17. Jh. mit stilvoll verzierten Holzbalkonen erhalten (die besten zwischen Calle Baltasar Martín und dem Durchbruch zur Placeta de Borrero). Weiter nördlich das Castillo de Santa Catalina, eine mächtige Festung (Ende 17. Jh.), die zur Abwehr von Seeräubern diente.

Zentrum der Altstadt ist die fast dreieckige Plaza de España. An der Nordseite die Iglesia El Salvador (Erlöserkirche) aus dem 16. Jh.; sehenswert ihr Renaissanceportal und im Innern die Holzdecke im Mudéjar-Stil, die Altarrückwand mit einem Gemälde des Andalusiers A.M. Esquivel sowie die Kreuzigungsgruppe ›Cristo de los Mulatos‹ (2. Altar südl. Seitenschiff), die Anfang des 16. Jh. aus Flandern eingeführt wurde.

An der Ostseite der Plaza das Rathaus (16. Jh.), dessen Fassade Arkaden, Bogenfenster und das Habsburger-Wappen zieren. Innen Kassettendecke im Mudéjar-Stil und expressive Wandmalereien von Mariano de Cossió (1890–1960) mit Motiven aus dem Landleben.

Über die Einkaufsstraße Calle O'Daly gelangt man südlich zur Casa Salazar (Nr. 18; im Erdgeschoß das Fremdenverkehrsamt), einem restaurierten Adelspalast mit nobler, zurückhaltend verzierter Steinfassade.

Museen: Die Calle O'Daly nordwärts Richtung Plaza de la Alameda gehend, erreicht man Kirche und Kloster San Francisco (16. Jh.) mit dem Inselmuseum. Es zeigt u.a. altes Arbeitsgerät aus der Käse-, Zigarren- und Seidenherstellung, außerdem eine Gemäldesammlung (mo–fr 9.30 bis 13.50, 16–18.20 Uhr). Zu den Kostbarkeiten der Kirche zählen der barocke Hauptaltar, Statuen in den Kapellen und die Holzdecke des Altarraums.

An der Plaza de la Alameda ist in einem Schiff, das der Karavelle ›Santa María‹ nachempfunden wurde, dem Flaggschiff der kleinen Flotte, mit der Kolumbus 1492 auf seine erste Entdeckungsreise ging, das Museo Naval untergebracht. Auf zwei Etagen zeigt es alte Karten, nautische Instrumente, Schiffsmodelle u.ä. (mo–do 9.30–14, 16–19, fr 9.30–14 Uhr).

Eine wertvolle Sammlung flämischer Tafelbilder des 16. Jh. besitzt die Kirche des Klosters Santo Domingo.

Markt: Markthalle an der Av. del Puente (mo–sa 7–14 Uhr; fr/sa Blumenmarkt).

Aktivitäten: Trekking, Fahrrad- und Wandertouren; Bootshafen und Yachtclub mit Segelschule und Wasserski; Segeltörns.

Veranstaltungen: Knapp oberhalb der Stadt liegt die Wallfahrtsstätte *Nuestra Señora de las Nieves*. Die mit Votivgaben geschmückte ›Jungfrau vom Schnee‹ wird alle fünf Jahre (wieder 2000) im Juli in feierlicher Prozession (Bajada de la Virgen de Las Nieves) nach Santa Cruz getragen. Außerdem: Straßenkarneval mit symbolischer Rückkehr der Emigranten aus Südamerika, ›Schlachten‹ mit Talkumpulver, Verbrennung der Sardine (Febr. od. März). Patronatsfest Día del Carmen (16. Juli).

❶ Tourist-Information: C. O'Daly 22 (Casa Salazar), Tel. 411957.

El Paso ②

An der Westseite des La Palma in zwei unterschiedliche Klima- und Vegetationszonen scheidenden Höhenzugs *Cumbre Vieja/ Cumbre Nueva* liegt dieses Städtchen mit seinen schmucken Landhäusern. Früher wurde hier die Cochenille-Laus gezüchtet (Farbstoffgewinnung); heute hält man Seidenraupen zur Herstellung von Naturseide (Vorführungen bei Doña Maruca, Barrial de Abajo 9, Anm. Tel. 485692 od. 485532). In der *Tenisque-Schlucht* (nordwestl.) sind Felsbilder der Ureinwohner erhalten. An der Zufahrt zum Taburiente-Nationalpark liegt die *Ermita Virgen del Pino* (5 km östl.), deren Marienfigur alle drei Jahre im August nach El Paso gebracht wird (wieder 2000).

Aktivitäten: Wanderungen zur Caldera de Taburiente und in den Süden; Tauchschule (Taucher-Treff La Palma), Reitschule.

Caldera de Taburiente ③–④

Der Vulkankrater von Taburiente, einer der größten der Welt, mit 2–3 Mio. Jahren erdgeschichtlich aber noch jung und wohl eher durch Erosion als durch Einsturz entstanden, ist La Palmas Hauptsehenswürdigkeit. Der Kessel hat einen Durchmesser von 8 km, das Gebirgsrund steigt auf über 2000 m an. Es gibt viele Wandermöglichkeiten im Innern des Kessels und über die Höhenzüge (z.B. zum *Roque de Idafe*, dem heiligen Felsen der Ureinwohner), doch erkundige man sich gut über Wege, Wetter und notwendige Ausrüstung. Seit 1954 ist das Gebiet Nationalpark.

Zum Aussichtspunkt **La Cumbrecita** ③, den man auch im Pkw erreicht, biegt man 1,5 km östlich von El Paso von der Hauptstraße ab. Am Ende der Serpentinenstraße (nur kleiner Parkplatz) bietet sich ein grandioser Blick hinein in den Kessel (von hier auch Wandermöglichkeiten). An der Nordseite (Straße Santa Cruz–Garafía) liegt ein weiterer Aussichtspunkt am **Pico de las Nieves** ④ (Fußweg 2 km), nahe der höchsten Erhebung, dem *Roque de los Muchachos* (2426 m), die Sternwarte *Observatorio Astrofísico*.

❶ Besucherzentrum der Nationalparkbehörde ICONA 1,5 km östl. von El Paso, mo–sa 9–14, 15–18, so 9–13 Uhr, Tel. 485278.

San Andrés y Sauces ⑤

Doppelgemeinde, bestehend aus dem modernen Los Sauces und dem zum Meer gelegenen San Andrés mit alten Landhäusern, Palmen und gepflegten Kopfsteinpflastergassen. San Andrés, still zwischen Bananenplantagen verborgen, ist eines der schönsten Dörfer der Insel.

Veranstaltungen: Patronatsfest (Señora de Montserrat) in Los Sauces (27. April und Anf. Sept.) mit Pferderennen. Patronatsfest in San Andrés (30. Nov.).

Umgebung: *Puerto Espinola* (2 km nördl.) mit dem Naturschwimmbecken Charco Azul. Bei *Los Tilos* (3 km südwestl. Los Sauces) der Lorbeerwald *Bosque de los Tilos* (Unesco-Biosphärenreservat) mit Infozentrum (tgl. 8.45–18 Uhr) und diversen Wanderrouten. Bei *Barlovento* (7 km nördl.) die Freizeitanlage Laguna de Barlovento, das Naturschwimmbecken La Fajana und die winzige Ortschaft *La Tosca* mit einigen uralten Drachenbäumen.

Garafía ⑥

Hauptort der noch ›wilden‹ Nordwestecke der Insel. In der Kirche Nuestra Señora de la Luz ein sehenswerter Barockaltar.

In der **Umgebung** wachsen mehrere jahrhundertealte Drachenbäume. An der Straße nach Barlovento die Höhlen *La Zarza* und *La Zarzita* mit Felszeichnungen der Ureinwohner (Besucherzentrum im Aufbau). *San Antonio del Monte* (südöstl.) feiert am 13. Juni ein Volksfest mit urigem Viehmarkt.

Puntagorda ⑦

Zentrum des Mandelanbaus. Hübsche Kirche San Mauro und im Ortsteil *Las Tricias* ein kleines Museum mit Objekten aus Kunsthandwerk und Landwirtschaft (di–fr 12–15 Uhr); im Barranco de Buracas wachsen dort einige uralte Drachenbäume.

Aktivitäten: Radfahren (Agentur Aire Libre), geführte Wanderungen.

Veranstaltungen: Mandelblütenfest (Ende Jan./Anf. Febr.). Berühmt ist das Teufelsfest (7./8. Sept) mit symbolischer Teufelsverbrennung im Nachbardorf *Tijarafe* (8 km südl.).

❶ Info-Büro ländlicher Tourismus in Las Tricias, Tel. 400248 und 400244.

Maßstab 1 : 150.000 — 0 2 4 6 8 km

Er kennt sich genau aus im Umgang mit dem Rohstoff für die ›Puros‹: Tabakbauer bei Breña Alta

Bananen, Wein und duftende Zigarren

Zuerst war es das Zuckerrohr, dann kam die Banane. Und der Tabak, den Ausgewanderte aus Kuba nach Europa brachten. Zwischendurch, nicht zu vergessen, der Maulbeerbaum für die Seidenraupenzucht. Und natürlich der Malvasier-Wein, der so gut auf Vulkanasche wächst, und die Avocados, die Kartoffeln und … Schon immer haben Kulturpflanzen Landschaften geformt und Schicksale bestimmt. Auf La Palma, vor allem im Westen und Süden, zwischen Los Llanos und Fuencaliente, erlebt man dies sehr intensiv.

△ Fischkutter im Hafen von Tazacorte

Auf dem Weg zum Hafen: Bananenernte im Aridane-Tal ▽

Der bedeutendste Badeplatz an der Westküste ist Puerto Naos geworden ▽

△ Gute Bedingungen für Mountainbiker

Stricklava bei San Nicolás ▽

La Palma gilt als das ›grüne Herz der Kanaren‹, denn die Insel verfügt über eine beeindruckend kraftvolle Vegetation. Rund 700 Pflanzenarten sind registriert, darunter Exoten wie Tamariske, Zistrose und Zwergginster, Kandelaber-Wolfsmilch, Faul- und Gagelbaum. Dichte Wälder aus Kanarischem, Azoren- und Stinklorbeer findet man im einzigartigen Bosque de los Tilos und überall auf der Insel mächtige Exemplare der Kanarischen Kiefer.

Doch der Baum der Bäume La Palmas ist sicherlich der urweltlich anmutende Drachenbaum: Auf keiner Insel im Archipel ist er so zahlreich vertreten. Wer gut zu Fuß ist, wird ihm an vielen versteckten Ecken der Insel begegnen. Besonders knochige, jahrhundertealte Exemplare sind zum Beispiel im Barranco de Buracas oder bei La Tosca zu bestaunen.

Avocados statt Bananen?

Längst landschaftsprägend sind auch die importierten Kulturpflanzen. Allerdings: wie lange noch? Vom Zuckerrohr und seinem Aufstieg und Fall war bereits die Rede – ähnliches scheint nun der Bananenstaude bevorzustehen. 1896 erstmals im Aridane-Tal gepflanzt, bald zum Goldesel geworden, dessentwegen ganze Landstriche umgegraben und mit aufwendigen Bewässerungssystemen versehen wurden – für die Produktion von einem Kilo Frucht benötigt die Staude sage und schreibe 400 Liter Wasser –, scheint der Banane nun, nach Jahren subventionsgestützter Bewahrungswirtschaft und angesichts der Billigkonkurrenz aus Latein- und Mittelamerika das endgültige Aus bevorzustehen. Für den Arbeitsmarkt wäre es eine Katastrophe: Rund dreißig Prozent der Palmeros sind noch heute im Bananenanbau tätig.

Doch man zeigt sich notgedrungen flexibel: Avocados, Blumen und Kartoffeln heißen die neuen Produkte der Bauern des Aridane-Tals.

Tourismus statt Fischerei?

Oder man sattelt um auf Dienstleistungen für den Fremdenverkehr. Die Möglichkeiten, die dieser auf La Palma vergleichsweise

△ Wie wird die Tabakernte dieses Jahr?

Hohe Kunst: Jede ›Puro de La Palma‹ ist handgefertigt ▽

Meisterliche Keramik entsteht bei ›El Molino‹ in Mazo ▽

△ Morgendlicher Andrang: Bauernmarkt in Mazo

Das Weiß der Mauern, das Blau des Meeres: Iglesia San Blas in Mazo ▽

junge Erwerbszweig bietet, haben die Fischer von Puerto de Tazacorte entdeckt – auch sie aus der Not heraus: Ihre Fanggründe sind großteils leergefischt, doch der quotengesteuerte Markt der Europäischen Union hat die einst erzielten Preise ohnehin längst zerstört.
Nebenan in Puerto Naos hat man bereits reagiert und eine komfortabel ausgestattete Feriensiedlung errichtet. Statt Papagayo, Thunfisch und Wolfsbarsch ködert man nun sonnenhungrige Urlauber, baut Hotels statt hölzerner Fischerboote. Denn seit der Erweiterung des Flughafens Mitte der achtziger Jahre boomt der Tourismus. Die Fremden kaufen sich Landhäuser und Apartments: Mehr als 2000 Immobilien sind allein in deutschem Besitz.

Puros, made in La Palma

Señor Reinaldo ist ein bescheidener Mensch. Volkswirtschaftlich von Bedeutung sei es ja nicht, was er da treibe. Ganze 4415 Kilo auf La Palma im Jahr 1996 – madre mía, die Zeiten waren schon einmal besser! Und während seine braungefärbten Finger die wertvollen Tabakblätter glattstreichen, behutsam betasten und schließlich doch als unwürdig für das Deckblatt beiseitelegen, blickt er über den Rand seiner Brille zurück in die Geschichte.
›Im 19. Jahrhundert, als der Tourismus La Palma noch nicht kannte, verlor Spanien die reiche Kolonie Kuba. Viele ausgewanderte Palmeros kehrten zurück, ausgestattet mit dem Ersparten, das sie sich in der kubanischen Zigarrenindustrie erwirtschaftet hatten. Und das daheim, wo es den Familien schlecht ging, als Vermögen galt – Madrid war damals noch weiter von La Palma entfernt als heute, und das ist verdammt weit genug.‹
Viel wichtiger aber war: Sie besaßen Sachkenntnis im Umgang mit der Pflanze – und gaben sie weiter an Männer wie den Urgroßvater von Señor Reinaldo, den sie noch Cubano nannten wie die anderen. Und so gedieh schon bald der beste Tabacco in Breña Alta und Breña Baja, in El Paso, Mazo und Santa Cruz. Werkstätten, in denen die königlichen Blätter handgerollt wurden, entstanden, und das Ergebnis ließ sich

△ *Urweltliches Erlebnis: Wandern auf der Ruta de los Volcanes*

Der Wein wächst gut auf schwarzer Asche ▽

Von der Sonne verwöhnt: vollreife Avocados ▽

△ Fuencaliente: Ziergärten auf schwarzen Böden … … und der Leuchtturm an der Südspitze La Palmas ▽

sehen: Selbst Winston Churchill, von Beruf britischer Premierminister und Tabak-Aficionado, soll von den Puros, made in La Palma, begeistert gewesen sein.
Und heute? ›Man sagt ja, daß es in Amerika wieder chic ist, Zigarren zu rauchen.‹ Señor Reinaldo hat endlich das geeignete Deckblatt für seine Corona gefunden. ›Vielleicht geht es ja wieder aufwärts …‹

Wein auf dem Vulkan, …

Fuencaliente schwimmt in einem Meer aus Asche, und auf den Wogen schwimmen grüne Schaumkronen: Knorrige Weinstöcke, durch kleine Astgabeln abgestützt und durch aufgehäufte Lava-Mäuerchen vor den rauhen Winden bewahrt, treiben frischgrün aus.
Die Methode ist genial: Eigentlich ist der heiße Boden knochentrocken, doch nachts speichert das poröse Gestein den Tau, gibt ihn tagsüber an die Rebstöcke ab und verleiht so den Roten Listán negro und Negramol oder den Weißen Listán blanco und Bujariego ihre Klasse. Sogar der schwere Malvasier, einst aus Kreta eingeführt, dann durch Pilz und Reblaus fast zum Aussterben gebracht, reift wieder zu alter Größe heran.

… so lange er Ruhe gibt

Fuencaliente heißt ›heiße Quelle‹ – und kein Ort hätte den Namen besser verdient. Mehr oder weniger erloschene Vulkane ragen ringsum auf: San Antonio, der Bilderbuchvulkan, dessen schwarzen Krater alljährlich Tausende von Touristen umrunden, und natürlich der Teneguía, der sich im Oktober 1971 derart spektakulär ins Meer schleuderte, daß auch der San Antonio ihm seither an Bekanntheit nachsteht. Bis zu 1100 Grad Celsius wurden damals an den Kraterausgängen gemessen, und die Lavaströme wälzten sich mit bis zu 120 Metern pro Minute übers Land. Fast drei Wochen dauerte das einzigartige Schauspiel – Tausende von Schaulustigen, und Wissenschaftlern, Fotografen und Journalisten kamen herbeigereist, um den Teneguía zu erleben.
Danach verstummte er wieder – vorerst. Ein paar gelbliche Schwefeldämpfe läßt er ab und zu noch aus seinem Inneren entweichen.

La Palma

78
Parque Nacional
Pico de las Nieves
2247
Panorama
Santa Cruz (Tenerife)
Las Palmas (Gran Canaria)
Hierro
Puntallana
Santa Lucia
Punta Sancha
Puerto Trigo
Tenagua
Los Alamos
Las Toscas
Mirca
Miranda
Costa de Miranda
Caleta de la Sancha
Dehesa
El Planto
Santuario de Nª Sª de las Nieves
Las Nieves
Punta de Santa Catalina
Museo Naval Barco de la Virgen
SANTA CRUZ de la Palma
Castillo de Santa Catalina
Buenavista de Abajo
Mirador de la Concepción
Playa de Bajamar
Punta San Carlos
El Fuerte
Playa Los Cancajos
Los Cancajos
Breña Baja
San Antonio
Punta La Vía
Buenavista de Arriba
Juan Mayor
Breña Alta
El Llanito
Dragos Gemelos
Las Ledas
Miranda
San José
Túnel de La Cumbre
Reventón
Cumbre Nueva
Ovejas
1854
Panorama La Cumbrecita (1250m)
Lomo de la Choias
El Corralejo
2044
Pico del Cedro
2091
Refugio de la Punta de los Roques
Fuente de las Brujas
Roque Idafe
Somada Alta
1926
Casas de Tenerra
Los Brecitos
Fuente de Tajodeque
Tabladitos
1516
La Castellana
Aguatavar
Camelión
Playa de la Veta
La Cofradía
El Pinillo
Tijarafe
El Pinar
El Jesús
Playa de las Vinagreras
Playa de Jurado
La Capellanía
Hoya Grande
1387
El Gánigo
La Caldera
Arecida
Cueva Bonita
Punta de la Corvina
Las Cabezadas
Amagar
La Punta
Time
594
Las Angustias
Mirador El Time (Restaurante)
Punta del Moro
Punta de Juan Graje
Puerto
Tajaral
Tazacorte
Roques Gabaseras
Casas La Viña
1285
La Fortaleza
Los Barros
LOS LLANOS de Aridane
Nª Sª de los Remedios
Pico Bejenado
1854
Montaña de Hidera
1051
Hermosilla
El Paso
Ermita Virgen del Pino
26
Las Rosas
Marina
Cardón
San Borondón
La Costa
La Laguna
Tajuya
Tacande
Montaña de Enrique
1261
Roques de las Hermanas
Playa Nueva
Los Barriales
Todoque
Los Campitos
Triana
Ermita del Corazón de Jesús
Ermita de San Nicolás
Las Manchas
Roques del Becerro
Casas de la Bombilla
Puerto Naos
Jedey
Cerro Jedey
Playa del Pozo
Charco Verde
Refugio El Pilar
1400
Llano del Blanco
(1450)
Volcán de San Juan
1808
Pico Birigoyo
Cumbre Vieja
Crater del Hoyo Negro
1797
Lavas la Malforada
Deseada
1949
Nambroque
Crater
Refugio de Tigalate
San Isidro
800
1000
1200
La Montaña
565
La Rosa
El Monte
Ermita Nª Sª de los Dolores
Villa de Mazo (El Pueblo)
San Blas (1512)
Monte de Breña
La Polvasera
Punta Ganado
Aeropuerto de la Palma
Lodero
Playa del Hoyo
Callejones
El Roque Punta Cumplida
San Simón
Montaña Vinijore
1032
Fuente del Roque
Mazo
La Sabina
Lomo Oscuro
190
Punta del Moro
Cueva del Belmaco
Malpaises
Playa Salemera
Playa Arenas Blancas
Tigueorte
Tigalate
Playa del Azufre
Playa de la Barqueta
Roques de Niares
Bahía de los Roques
Bahía de la Balera
Punta del Poris
Monte de Luna
Playa Martín
Playa del Rio
Playa de los Roquitos
Río Muerto
Los Roques de Anaga
El Puertito
Punta del Cabestro
El Remo
Ermita de Santa Cecilia
1860
Caldera del Búcaro
1593
Volcán Martín
1609
Fuente del Fuego
Roque y Punta de los Guinchos
El Charco
Punta Banco
El Limonero
43
Fuente del Tión
Fuego
1249
Fuentes del Pino
Playa y Bajas de Zamora
Punta del Hombre
Las Indias
La Fajana
Las Caletas
Fuencaliente de la Palma o los Canarios
Bodegas Teneguía
Punta Vuelta del Toro
Los Quemados
657
Volcán de San Antonio
Los Lázaros
Punta Larga
Playa Punta Larga
Volcán de Teneguía
439
Punta Gruesa
Las Cabras
Caleta del Arcón
Punta Malpique
Faro de Fuencaliente
Punta Malpaís

Wo gibt es was?

Fähnchennummer = Textnummer   ℹ = Auskunft

Los Llanos de Aridane ①

Zweitgrößte Stadt (17 000 Einw.) der Insel und wirtschaftlicher Mittelpunkt des fruchtbaren, wasserreichen Aridane-Tals, in dem der Anbau von Bananen dominiert. In den letzten Jahren hat auch der Fremdenverkehr stark zugenommen: Die Stadt wächst schneller als Santa Cruz, für viele ist sie die heimliche Hauptstadt der Insel.
Sehenswert: Mittelpunkt des Orts ist die Plaza de España mit im kanarischen Stil errichtetem Rathaus, Terrassencafés und mächtigen Indischen Lorbeerbäumen. An der Nordseite die dreischiffige Pfarrkirche Nuestra Señora de los Remedios (16. bis 17. Jh.); sie birgt auf dem barocken Hochaltar die Statue der Schutzpatronin, eine meisterhafte flämische Arbeit, Gemälde flämischer Herkunft sowie eine kostbare Mudéjar-Decke.
An der Straße nach El Paso liegt der Palmex-Kakteengarten mit rund 600 verschiedenen Kakteenarten (C. Santa Ana 8, di–do 9–19 Uhr). In der Nähe der *Pueblo Parque*, ein Kultur- und Freizeitpark mit Tieren, Kinderkino, Spielplatz und rund 6000 Pflanzenarten (mo–sa 10.30–17 Uhr).
Markt: Obst- und Gemüsemarkt mo–sa 8–14 Uhr auf der Plaza Mercado.
Aktivitäten: Fahrradverleih ›Bike'n Fun‹; Tennis; geführte Wander- und Bergtouren.
Nachtleben: Diskos ›Acuario‹, ›Triangulo‹, ›Galaxia‹; Musikbars ›La Gruta‹, ›La Luna‹.
Veranstaltungen: Straßenkarneval (Febr. od. März); Patronatsfeste Virgen de los Remedios (2. Juli) und Fiesta de las Angustias (15. Aug.).
Umgebung: Etwa 1 km westl. zweigt hinter Argual eine Piste nach Los Barros und weiter in den *Barranco de la Angustias* ab, das in die Caldera de Taburiente führende Schluchttal. Ziel der Wanderung ist der spitz aufragende Felsen *Roque de Idafe*, der den Altkanariern heilig war.
Vom *Mirador El Time* (6 km nördl.) herrliche Aussicht auf das Aridane-Tal.
ℹ Privates Auskunftsbüro ›Contacto‹, C. General Yagüe 5.

Tazacorte ②

Einer der Hauptorte des Bananenanbaus im Westen der Insel neben Los Llanos. Über den Hafen *Puerto de Tazacorte* (2 km westl.) wurden früher die Früchte verschifft; heute wird hier in erster Linie Fisch angelandet und am Hafen auch direkt verkauft. An der Küste betraten die Spanier unter Führung Alonso de Lugos im Sept. 1492 erstmals palmerischen Boden.
Sehenswert: Die von den Eroberern gegründete Iglesia San Miguel Arcángel ist dem Erzengel Michael, dem Schutzpatron La Palmas, geweiht (Holzskulptur auf dem Hauptaltar zusammen mit dem Teufel). Aus der Zeit des Zuckerrohrbooms (16./17. Jh.) sind einige Herrenhäuser erhalten.
Veranstaltungen: Patronatsfeste Día del Carmen (16. Juli) und San Miguel (29. Sept.).
Aktivitäten: Schiffstouren längs der Westküste ab Puerto Tazacorte.

Puerto Naos ③

Größtes Touristenzentrum der Westküste mit Apartmentanlagen, Hotels, Restaurants und Geschäften. Die Intensivbebauung ist kaum 25 Jahre alt; zu Beginn der 1970er Jahre gab es hier nur einige Wochenendhäuser. Größte Attraktion ist der feinsandige, 600 m lange Strand, der längste der Insel. Weitere Strände liegen nördlich und südlich (Playa de Charco Verde, El Remo, de las Monjas – FKK).
Sport: Fahrradverleih, Tauchen, Tennis, Bootsausflüge.
Umgebung: Bei *San Nicolás* (6 km nordöstl.), der größten Ortschaft des Bezirks *Las Manchas*, wurde 1951 das Santuario de Fátima zum Dank dafür errichtet, daß der Ort beim Ausbruch des Vulkans San Juan 1949 von Zerstörungen weitgehend verschont blieb. Westlich des Orts mächtige, erstarrte Stricklava-Formationen, die wohl imposantesten der Insel.
ℹ Privates Infobüro, C. Camacho 34.

Fuencaliente ④

Auf ca. 700 m gelegenes Straßendorf, das als Ausgangspunkt für Wanderungen durch die Vulkanlandschaften (›fuente caliente‹ = heiße Quelle) im südlichen Inselbereich bekannt wurde (Ruta de los Volcanes).
Sehenswert: Südlich des Orts erhebt sich der ›Bilderbuchvulkan‹ San Antonio, der zuletzt 1677/78 ausbrach und auf einem am Kraterrand verlaufenden Pfad umrundet werden kann. Von dort blickt man über die Vulkanlandschaft hinweg bis zum Meer. Eine weitere Attraktion: In der schwarzen Asche wird Wein angebaut. In der Genossenschaftskellerei Llanovid (C. Los Canarios) entsteht der Großteil aller La-Palma-Weine; angeschlossen ist ein Restaurant, in dem die hauseigenen Weine verkostet werden können. Weiter unterhalb, gegenüber der Zufahrt zum Vulkan Antonio, das kleinere Weingut Bodegas Carballo (C. de las Indias 44); auch hier kann verkostet und gekauft werden.
Veranstaltungen: Patronatsfeste San Antonio Abad (17. Jan.) und San Juan (24. Juni); Fest zur Weinernte (letzte Aug.-Woche).
Aktivitäten: Wandern auf der Ruta de los Volcanes nordwärts; Radfahren; Baden (Playa Nueva); Gleitschirmfliegen.
Umgebung: Auf der Straße nach *Las Indias*, dann weiter über Los Quemados und Roque de Teneguía erreicht man auf einer Piste den *Teneguía-Vulkan*, den jüngsten Vulkan der Insel. Er brach erst 1971 aus und zeigt noch interessante Spuren von Aktivität. An der auf einer Aschepiste erreichbaren Südspitze der Insel liegt der Leuchtturm (Faro) mit imposanten Lavafeldern in unmittelbarer Nähe. Sie entstanden beim Ausbruch des Teneguía. Nahebei die Playa Nueva, eine Salzsaline und die vielbesuchte Bar ›Faro‹, berühmt für ihre delikaten Thunfischkroketten.

Mazo ⑤

Gemeindebezirk im Ostteil La Palmas, in dem sich viele Kunsthandwerker angesiedelt haben, mittlerweile mit eigener Kunsthandwerkerschule (schöne altkanarisch inspirierte Keramik, Töpferware und Textilien z. B. bei ›El Molino‹). Den Wein der Umgebung (Hoyo de Mazo) kostet man in der örtlichen Genossenschaft (Calle Dr. Bravo). Berühmt ist der **Markt** von Mazo, ein großer Bauernmarkt mit Lebensmitteln, Wein und Handwerksprodukten (nur sa 15–19, so 8–13 Uhr).
Sehenswert ist San Blas (16.–19. Jh.), eine der schönsten Kirchen der Ostküste. Teile des Baus reichen bis 1495 zurück; Kostbarkeiten sind die Haupt- und Seitenaltäre, die Bleiverglasung über den Portalen und die bemalte Mudéjar-Holzdecke.
Veranstaltungen: Patronatsfeste San Blas (3. Febr.) und Señora de los Dolores mit Puppenverbrennung (24. Aug.); Fronleichnam mit kunstvollen Blumenteppichen.
Umgebung: Beim Weiler *Malpaíses* (10 km südl.) die Cueva de Belmaco, eine prähistorische Wohn- bzw. Kultstätte mit Felszeichnungen wohl aus dem 10. Jh.

Breña Alta ⑥

Wie die Nachbargemeinde *Breña Baja* ist Breña Alta, zwischen 300 und 400 m über der Ostküste gelegen, aufgrund seines frischen Klimas als Wohnort ausländischer Residenten beliebt. San Pedro, das Zentrum von Breña Alta, ist La Palmas wichtigster Standort der Zigarrenproduktion. Im Ortsteil *San Isidro* (südl.) die ›Dragos Gemelos‹, bis zu 15 m hohe Zwillingsdrachenbäume. Bei Buenavista der *Mirador de la Concepción* (2 km nördl.) mit grandiosem Blick auf Santa Cruz.
An der Küste, auf halbem Weg zwischen dem Flughafen und der Hauptstadt, liegt **Los Cancajos**, das größte Touristenzentrum an der Ostküste – und seines geschützten Sandstrands wegen durchaus zu empfehlen. Dort gibt es mehrere Diskos (›Guaraná‹, ›La Hemeroteca‹, ›Lago‹), große Hotels und Restaurants.
Veranstaltungen: Fiesta de la Cruz (3. Mai); Viehmarkt und Volksfest San Isidro (15. Mai); Patronatsfeste Nuestra Señora de la Concepción (15. Aug.) und San Miguel (29. Sept.).
Aktivitäten: Tennis und Wandern in Breña Alta. In Los Cancajos Fahrradverleih, Wandertouren (Alpinschule ›Innsbruck‹ im Hotel San Jorge) und Rundfahrten.
ℹ s. Santa Cruz de la Palma.

Maßstab 1 : 150.000 (0 – 2 – 4 – 6 – 8 km)

Der Hafen von
San Sebastián ist
seit Jahrhunderten
das Tor zur Insel.
Schon früh stand
die Bucht im Zeichen
des Kreuzes.

Mit Kolumbus auf Gomera

Täler über Täler, Felskuppen und ungezählte Gipfelgrate – keine andere der Kanarischen Inseln ist so zerklüftet wie Gomera. Bis in die jüngste Gegenwart hat sich die Insel wegen ihrer zerfurchten Topographie der Erschließung durch den Verkehr widersetzt. Anders die Hauptstadt San Sebastián: Schon Christoph Kolumbus ging hier auf seiner epochemachenden Entdeckungsreise ein letztes Mal vor der Fahrt ins Ungewisse an Land. Heute besitzt San Sebastián den drittwichtigsten Passagierhafen ganz Spaniens.

△ Landschaftsprägend: Steilfelsen bei Vallehermoso

Wehrhaft: Torre del Conde in San Sebastián ▽

Aufgeschlossen: Einheimische und Gäste in der Inselhauptstadt ▽

△ Geheimnisvoll: der Lorbeerurwald Bosque del Cedro

Magisch: der Teide im Abendlicht, gesehen von Gomera ▽

San Sebastián de la Gomera am 9. August 1492: ›Wir sahen aus der gewaltigen Bergkette der Insel Teneriffa hohe Flammen emporlodern.‹ Am 3. August hatte der Verfasser dieser Bordbucheintragung, der in Diensten der Katholischen Könige Spaniens stehende Genueser Kaufmann Cristóbal Colón, sich in Palos bei Cádiz mit 87 Männern auf drei Karavellen eingeschifft, um westwärts zu segeln, wo seiner Meinung nach Indien lag. Kaum jemand glaubte ihm. Und als seine Leute von der Insel Gomera aus beobachteten, wie der Teide Feuer spie, begannen auch sie daran zu zweifeln, daß die Erde rund sei, wie der Admiral behauptete. Vielleicht fuhren sie ja doch auf den ›Mahlstrom‹ zu, den Höllenschlund am Rand der Erdscheibe jenseits des Ozeans?

Colón und die schöne Witwe

Colón alias Kolumbus, der dem ›Mahlstrom‹ am Ende doch entkam und sein ›Indien‹ fand, verbindet viel mit Gomera. Am 6. September 1492 verließ er hier erstmals die Welt, die, als er am 5. Oktober 1493 nach San Sebastián zurückkehrte, dank seiner Entdeckung nun doppelt so groß war wie zuvor. Und noch ein drittes Mal war er hier, am 30. Mai 1498.

Es ist viel spekuliert worden: Waren es nur die Versorgungsmöglichkeiten der Insel, die ihn so regelmäßig hier anlegen ließen? Oder war es doch, wie man munkelt, die schöne Inselherrscherin Beatriz de Bobadilla, Witwe Hernán Perazas des Jüngeren? Wenn es so wäre – es hätte System gehabt: Auch Kolumbus' erste, 1487 verstorbene Frau, die Portugiesin Felipa Moniz, war als Tochter des Gouverneurs von Madeira eine Inselfürstin gewesen.

Doch bei Beatriz kam ihm ein anderer zuvor: 1498, als Herr Colón seinen dritten Besuch antrat, war die Schöne bereits mit Herrn de Lugo vermählt, dem Eroberer Teneriffas und La Palmas.

Felsenriffs und Schluchttäler

Schwer zu erobern: Dieses Attribut haftet Gomera seit der Ankunft der ersten Spanier an. Das erlebte Peraza der Ältere, dem die

△ Der Basaltsockel Fortaleza bei Chipude

Siesta in der Nachmittagssonne ▽

Mühsame Handarbeit: Unterhalb des Chipude-Felsens werden Kartoffeln angebaut ▽

△ Palmenoase im oberen Valle Gran Rey … … und am Ausgang des Tals die Playa del Inglés ▽

Einnahme der Insel 1445 nur unter großen Mühen gelang, und das erleben die Touristen von heute: Gomera ist die am stärksten zerklüftete und am meisten erodierte, die gebirgigste aller Kanarischen Inseln. Nach allen Seiten hin ist sie von tiefen Furchen durchzogen; Schluchttäler (Barrancos), Felsengipfel (Cumbres), freistehende Dome und Nadeln (Roques) und langgezogene Riffs (Lomos oder Lomadas) prägen das Relief. Aufgrund dieser Voraussetzungen hat sich Gomera bis in unsere Zeit der Erschließung durch den Verkehr hartnäckig widersetzt. Noch vor gar nicht langer Zeit waren viele Dörfer nur über Maultierpfade zu erreichen; das inzwischen komfortable Netz der Asphaltstraßen kam erst mit dem Ausbau des Fremdenverkehrs. Die Bewohner selbst dagegen halfen sich mit der Entwicklung einer eigenen Kommunikationstechnik: Sie tauschten – und tauschen – Nachrichten mit Hilfe von Pfiffen aus, die verschieden hoch und lang sind und so eine eigene ›Sprache‹, den ›Silbo Gomero‹ ergeben.

Lebenspendender Passat

Auch auf Gomera gilt: Nichts prägt die Landschaft und die Bedingungen für den Anbau von Pflanzen so sehr wie der Passatwind. Auch hier teilt er die Insel gewissermaßen in zwei Hälften: Von Norden her treibt er die Wolken auf die Insel, die das lebensnotwendige Wasser bringen. An den Höhenzügen regnen sie ab und bringen der Region um Hermigua und Vallehermoso genügend Feuchtigkeit für den Anbau von Kartoffeln, Bananen, Tomaten, Mais, Dattelpalmen oder Weinreben. Und weiter oben, im Nationalpark Garajonay, grünt, wuchert und gedeiht der dschungelartige Laurisilva-Wald, die oft nebelverhangene Zauberwelt der Raben und Lorbeertauben, Fledermäuse und Eidechsen.

Ganz anders dagegen der Süden, die dem Wind abgewandte Seite. Dort ist das Land trocken, leidet manchmal sogar unter anhaltender Dürre. Im Valle Gran Rey führen die unteren und oberen Talgemeinden allsommerlich regelrechte ›Wasserkriege‹ miteinander, wenn das kostbare Naß knapper zu werden beginnt.

△ Hier wird Palmsaft gewonnen, …

△ … und hier der fertige Palmsirup stolz präsentiert

… hier Getreide zu Gofio-Mehl vermahlen, … ▽

△ *Fangfrischer Thunfisch: Playa de Santiago*

Töpferware, die ohne Töpferscheibe entstand: El Cercado ▽

Insel der Palmen

Wenn es eine Baumart gibt, die für Gomera typisch ist, dann ist es Phoenix canariensis, die Kanarische Palme. Mit ihren Datteln füttert man das Vieh, aus den Wedeln flicht man Hüte, Körbe und Taschen, und aus dem Saft, dem Guarapo, macht man ›Miel de palma‹, die berühmte Spezialität der Insel: ein süßer Sirup, den man zu Käse reicht und als Kindernahrung, in Süßspeisen oder mit Alkohol versetzt als Likör (Mistela) genießt.

In Alojera, Taguluche oder Tazo im Nordwesten Gomeras kann man beobachten, wie der Sirup gewonnen wird. Vor Sonnenaufgang – direktes Licht verdirbt ihn – wird der über Nacht in einem Auffanggefäß an der Blütenknospe gesammelte Saft eingeholt. Dann wird er drei Stunden lang aufgekocht, unter ständigem Rühren, bis er dickflüssig ist, dann wird gefiltert und schließlich abgefüllt. Fünf bis acht Liter Saft ergeben einen Liter Sirup. Die Palme, die den Saft lieferte, tut dies einen Sommer lang. Danach braucht sie fünf Jahre, um sich zu erholen und neuen Saft zu produzieren.

Im Tal der Aussteiger

Valle Gran Rey: Damals, in den späten Sechzigern, zerging den Szene-Freaks zwischen Bottrop, Berlin und Berchtesgaden der Name auf der Zunge. Valle Gran Rey, das war das gelobte Land der Aussteiger, der Ort, an dem man anders, ganz anders – alternativ eben – leben und lieben, müßiggehen und wirtschaften wollte.

Viele kamen, manche blieben, und einige brachten es zu etwas auf der Insel. Sie kauften Häuser, eröffneten Bars, Läden oder Pensionen, wurden wohlhabend. Und konnten es sich dennoch leisten – anders eben als in Bottrop –, einen eher lockeren Moralbegriff zu pflegen. Allein, man vergaß, sich mit der Inselbevölkerung darüber grundlegend auszutauschen. Der Konflikt konnte nicht ausbleiben, und so verwandelte die Inselregierung das Aussteiger-Tal in den achtzigern in eine Ferienlandschaft für die breiteren Massen. 8000 Betten, so heißt es, sollen demnächst dazukommen. Doch ob das wirklich die Lösung ist?

Gomera

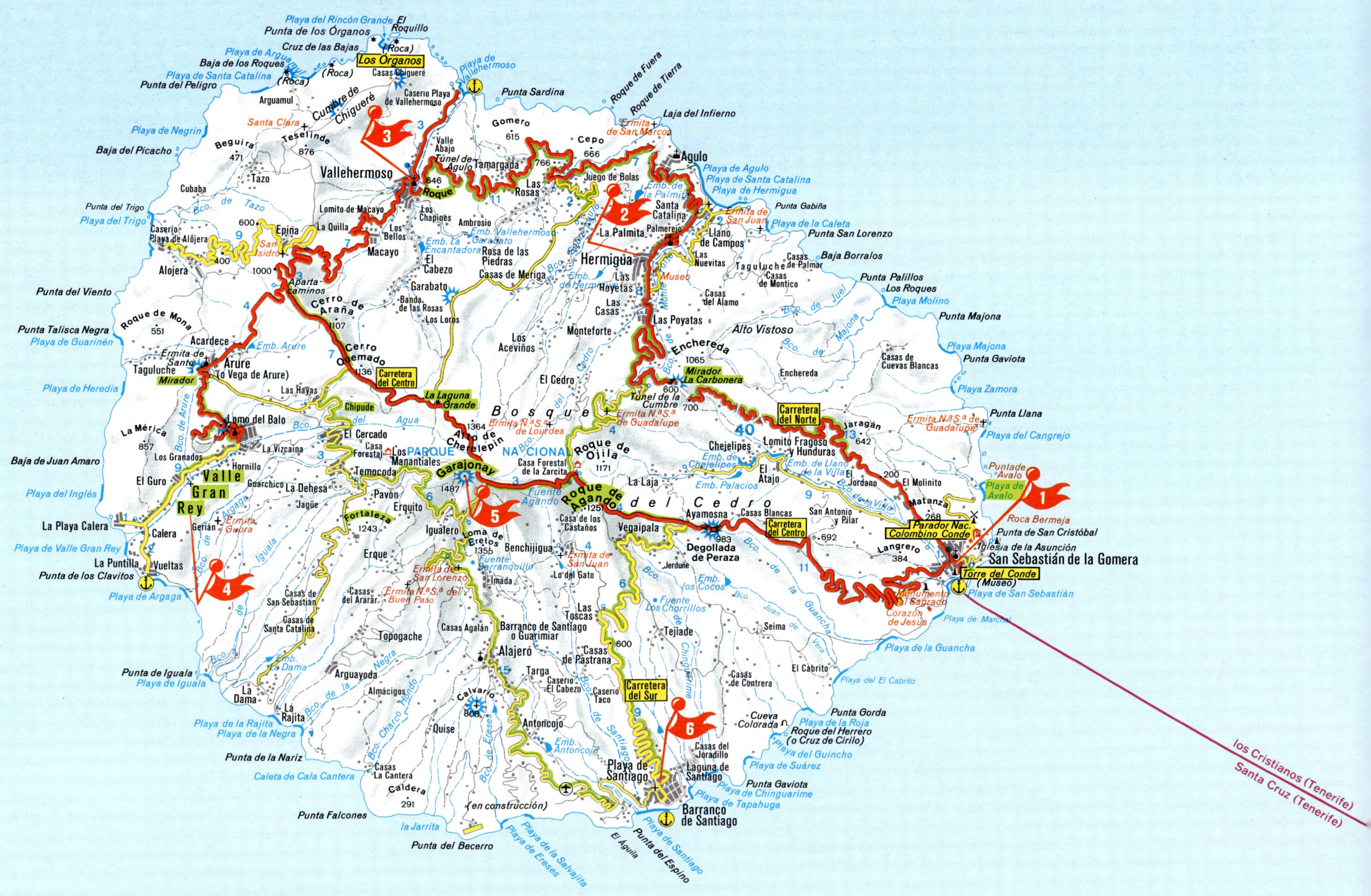

Los Órganos
Punta de los Órganos
Playa del Rincón Grande
Cruz de las Bajas
Baja de los Roques
Playa de Santa Catalina
Punta del Peligro
Arguamul
Cumbre de Chigueré
Playa de Vallehermoso
Punta Sardina
Roque de Fuera
Roque de Tierra
Laja del Infierno
Playa de Negrín
Baja del Picacho
Santa Clara
Teselinde
Beguira
Vallehermoso
Roque
Tamargada
Gomero
Cepo
Agulo
Playa de Agulo
Playa de Santa Catalina
Playa de Hermigua
Juego de Bolas
Las Rosas
Santa Catalina
La Palmita
Hermigua
Punta Gabiña
Playa de la Caleta
Punta San Lorenzo
Llano de Campos
Baja Borralos
Punta Palillos
Los Roques
Playa Molino
Punta Majona
Playa Majona
Punta Gaviota
Playa Zamora
Punta Llana
Playa del Cangrejo
Punta del Trigo
Playa del Trigo
Cubaba
Tazo
Epina
Alojera
Lomito de Macayo
Macayo
Ambrosio
Emb. Vallehermoso
Rosa de las Piedras
Casas de Meriga
El Cabezo
Garabato
Los Loros
Las Hoyetas
Las Casas
Monteforte
Los Acevinos
El Cedro
Las Poyatas
Alto Vistoso
Enchereda
Casas de Cuevas Blancas
Punta del Viento
Roque de Mona
Punta Talisca Negra
Playa de Guarinén
Acardece
Arure
(o Vega de Arure)
Taguluche
Mirador
Apartacaminos
Cerro de Araña
Cerro Quemado
Carretera del Centro
La Laguna Grande
Bosque
Mirador La Carbonera
Túnel de la Cumbre
Carretera del Norte
Jaragán
Ermita N.ª S.ª de Guadalupe
Playa de Heredia
Las Hayas
Chipude
El Cercado
Lomo del Balo
La Vizcaína
La Mérica
Los Granados
Baja de Juan Amaro
El Guro
Valle Gran Rey
Playa del Inglés
La Playa Calera
Calera
Gerián
Playa de Valle Gran Rey
La Puntilla
Vueltas
Punta de los Clavitos
Playa de Argaga
La Dehesa
Temocoda
Pavón
Erquito
Fortaleza
PARQUE NACIONAL
Alto de Chererepín
Garajonay
Ermita N.ª S.ª de Lourdes
Roque de Ojila
Casa Forestal de la Zarcita
Roque de Agando
del Cedro
Chejelipes
Lomito Fragoso y Hunduras
El Atajo
La Laja
Emb. Palacios
Ayamosna
Degollada de Peraza
Vegaipala
El Jordano
El Molinito
Matanza
Playa de Avalo
Puntade Avalo
Roca Bermeja
Parador Nac. Colombino Conde
Punta de San Cristóbal
Iglesia de la Asunción
San Sebastián de la Gomera
Torre del Conde (Museo)
Playa de San Sebastián
Langrero
Corazón de Jesús
Casas Blancas
San Antonio y Pilar
Igualero
Erque
Loma de Bretos
Benchijigua
Ermita de San Juan
Ermita de San Lorenzo
Ermita N.ª S.ª del Buen Paso
Casas de San Sebastián
Casas de Santa Catalina
Casas del Araraí
Topogache
Casas Agalán
Barranco de Santiago o Guarimiar
Las Toscas
Lo del Gato
Imada
Alajeró
Casas de Pastrana
Targa
Caserío El Cabezo
Caserío Taco
Carretera del Sur
Tejiade
Seima
Casas de Contrera
El Cabrito
Playa de la Guancha
Playa del El Cabrito
Punta Gorda
Cueva Colorada
Roque del Herrero (o Cruz de Cirilo)
Playa del Guincho
Playa de Suárez
Punta Gaviota
Playa de Chinguarime
Playa de Tapahuga
Casas del Joradillo
Laguna de Santiago
Playa de Santiago
Barranco de Santiago
Punta del Espino
El Aguila
Antoncojo
Emb. Antoncojo
Calvario
Quise
Almácigos
Arguayoda
La Dama
La Rajita
Punta de Iguala
Playa de Iguala
Playa de la Rajita
Playa de la Negra
Punta de la Nariz
Caleta de Cala Cantera
Casas La Cantera
Caldera
(en construcción)
Punta Falcones
la Jarrita
Punta del Becerro
Playa de la Salvajita
Playa de Ereses
los Cristianos (Tenerife)
Santa Cruz (Tenerife)

Wo gibt es was?

Fähnchennummer = Textnummer ⓘ = Auskunft

San Sebastián de la Gomera ①

Inselhauptstadt (6000 Einw.) mit Yacht- und Fährhafen, der nach Passagieraufkommen (1,15 Mio. 1996, Verbindungen nach Teneriffa, Hierro, Palma) der drittgrößte Spaniens ist. Gründung der Stadt durch den Spanier Hernán Peraza, der den Ort 1440 besetzte und taufte; 1472 wurde die Insel offiziell der spanischen Krone unterstellt. Die wirtschaftliche Bedeutung der Stadt wurde stets vom Hafen bestimmt; schon Kolumbus legte hier mehrfach an, um Versorgungsgüter zu laden.

Die meisten **Sehenswürdigkeiten** liegen an der Einkaufsstraße Calle Real. Die Casa de Colón (17. Jh.; 1979 renoviert) steht an der Stelle des Hauses, in dem Kolumbus übernachtet haben soll. In der Pfarrkirche Nuestra Señora de la Asunción (17. Jh.) ist neben Holzdecke und Barockaltar ein Gemälde des Einheimischen José Mesa zu beachten, das den Angriff der britischen Flotte unter Admiral Windham 1743 zeigt (linkes Seitenschiff). An der Plaza de la Constitución steht im Innenhof des alten Zollhauses der Kolumbus-Brunnen (Pozo de Colón), aus dem sich der Entdecker vor seiner Überfahrt mit Wasser versorgt haben soll. Etwas abseits der Altstadt der Wehrturm Torre del Conde (C. Ruiz de Padrón), den Peraza um 1450 zum Schutz seiner Familie erbauen ließ. Innen präkolumbianische Kunst- und Kultgegenstände aus Südamerika, vor allem aus Peru.

Markt: Plaza de la Constitución (mi, sa).

Veranstaltungen: Fiesta de San Sebastián (20. Jan.); Straßenkarneval (Febr.); Patronatsfeste San Pedro (29. Juni), San Cristóbal (11. Juli), Carmen (16. Juli) und San Bartolomé (24. Aug.); Fiesta Colombina zur Erinnerung an Kolumbus und die Entdeckung Amerikas (6. Sept.); Fiesta Virgen de Guadalupe (Schutzheilige der Insel) mit Schiffsprozession (alle fünf Jahre am 1. Wochenende im Okt., wieder 1998).

Aktivitäten: Segeln (Club Nautico), Hochseeangeln (Club del Mar Capital Cándido), Tauchschule, Agenturen für Rundfahrten und Wandertouren, Autovermietung.

ⓘ Oficina de Turismo, C/Real 4, Tel. 140147.

Hermigua ②

Straßendorf in einem fruchtbaren, gut bewässerten Tal (haupts. Bananenanbau).

Sehenswert ist die Klosterkirche Santo Domingo (16. Jh.) mit schönen Holztüren im Kassettenstil, Holzstatuen und Barockmalerei. Im Ortskern einige Häuser im kanarischen Stil. In der Kunsthandwerkssammlung ›Los Telares‹ altes Gerät für die Herstellung von Flickenteppichen (Traperas), Webstühle (Telares) u.ä. (C. General 29; mit Shop, tgl. 9–18 Uhr).

Tip: Gute Vollwertkost bietet die ›Casa Creativa‹ (C. General 56).

Aktivitäten: Wandern (Valle de Hermigua, Barranco del Cedro); Strände bei Agulo (5 km nördl.), u. a. ein Meerwasserbecken.

Veranstaltungen: Patronatsfest Santo Domingo de Guzmán (8. Aug.); Fiesta del Cedro/Señora de Lourdes (letzter So im Aug.); La Encarnación (8. Sept.).

Umgebung: An der Küste *Agulo* (5 km nördl.) mit gepflegten historischen Herrenhäusern und schönen Kopfsteinpflastergassen. Geschätzt sind die Süßwaren aus Agulo, bekannt auch die ›Hogueras de San Marcos‹, ein Fest in der Nacht vom 23. auf den 24. April, bei dem Jugendliche über Feuer aus Wacholderholz springen.

ⓘ Büros an der Plaza de Encarnación und der Callejón de Ordaiz.

Vallehermoso ③

Landwirtschaftszentrum in einem ›schönen Tal‹ – so der Name – im Nordwesten. Angebaut werden Bananen, Kartoffeln, Wein; aus dem Saft der Dattelpalmen wird Palmsirup gewonnen. Pfarrkirche San Juan Bautista (17. Jh.). Östlich der Roque El Cano, eine durch Erosion freigelegte Felsnadel.

Aktivitäten: Wanderwege zum Cumbre de Chiguere (Nordküste), zum Roque El Cano oder zum Roque El Blanco.

Veranstaltung: Sonnenwendfest (24. Juni).

Umgebung: Eine regelrechte Palmenoase ist *Alojera* (16 km westl.) an der Westküste, wo Palmsirup hergestellt wird.

Valle Gran Rey ④

Das wasserreiche, zum Meer auslaufende ›Tal des Großen Königs‹ war in vorspanischer Zeit Sitz des Guanchenkönigs Hupalupa. Es ist ca. 7 km lang, an den terrassierten Hängen wachsen ungezählte Dattelpalmen. Die Gemeinde besteht aus den Ortsteilen *La Playa*, *Vueltas* und *La Calera* (Verwaltungssitz), alle drei liegen am Ausgang des Tals am Meer. Die Landwirtschaft konzentriert sich im oberen Talbereich mit den Wasservorkommen bei *Guadá*.

Seit den 60er Jahren ist das Tal Ziel von Alternativtouristen. So entstand eine Infrastruktur mit Unterkünften, Bars und Disco-Pubs (in La Calera und Vueltas), Restaurants usw. Nahebei gibt es zudem attraktive Sandstrände (auch FKK, Playa del Inglés). Ab Vueltas verkehren Fähren nach San Sebastián und Ausflugsschiffe zu den Basaltfelsen *Los Organos* an der Nordküste oder zu Walbeobachtungstouren.

Sehenswert: Im unteren Talbereich die Kirchen Ermita de los Reyes (16. Jh.), Los Santos Reyes und Ermita del Carmen. Hinter der Playa de Argaga liegt im Barranco de Argaga die große Fruchtplantage der Familie Schrader, wo man Interessantes über die Kultivierung von tropischen Früchten erfährt (di–fr 10–18 Uhr).

Aktivitäten: Fahrradverleih, Wander- und Radtouren; Surfen, Baden.

Veranstaltungen: Patronatsfest Nuestra Señora de los Reyes (6. Jan.); Fiestas de San Antonio (13. Juni), San Juan (mit Johannisfeuer, 24. Juni) und Carmen (16. Juli).

Umgebung: Die aus dem Valle Gran Rey in Serpentinen aufsteigende Straße erreicht auf der Höhe den *Mirador del Palmarejo* mit einem von César Manrique entworfenen Gebäude; vom Aussichtspunkt blickt man auf das gesamte Valle Gran Rey. Die Straße führt weiter nach *Arure*; dort ein weiterer Aussichtspunkt, der *Mirador Ermita del Santo*. Am 16. Aug. findet in Arure die ›Fiesta del Ramo‹ statt, bei der dem hl. Salvador ein Zweig mit Früchten, Blumen und Gemüse dargebracht wird.

ⓘ C/Lepanto.

Garajonay-Nationalpark ⑤

Das fast 4000 ha große Schutzgebiet ist seit 1981 als Nationalpark ausgewiesen und umfaßt den *Bosque del Cedro*, ein einzigartiges Laurisilva-Waldgebiet im gebirgigen Zentrum der Insel, in dem seltene Baumheide- und Lorbeerbäume sowie über 50 Farnarten gedeihen. Der Wald liegt oft im Nebel; die Passatwolken regnen hier ab und schaffen ständige Feuchtigkeit. Höchste Erhebung ist der *Pico de Garajonay* (1487 m). Ein Netz von Wanderwegen durchzieht den Nationalpark.

Das **Besucherzentrum** *Juego de Bolas* ist über eine Serpentinenstraße zu erreichen, die von der Straße Agulo-Vallehermoso landeinwärts abbiegt. Neben Geräten aus der Landwirtschaft sind hier Dokumente zur Flora, Fauna, Klimatologie und Geologie des Nationalparks zu sehen (z.T. Video-Präsentation). Angeschlossen ist ein botanischer Garten (di–so 9.30–16.30 Uhr).

Umgebung: Am südwestlichen Rand des Nationalparks der Ort *El Cercado*, dessen handgefertigte Töpferwaren berühmt sind. Nahebei *Chipude* unterhalb von *La Fortaleza*, einem 1243 m hohen Basaltsockel, der sich markant aus der Landschaft hebt.

ⓘ ICONA-Büro San Sebastián, C. del Sur 6.

Playa de Santiago ⑥

Fischereihafen (Konservenfabrik; gute Fischrestaurants) und touristisches Zentrum der Südküste. Das Hotel ›Jardín Tecina‹ bietet die größte Ferienanlage (70 000 qm) der Insel. In der Nähe der neue Flughafen.

Aktivitäten: Wandern in den Barrancos; Baden, Tauchen; Rundfahrten.

Veranstaltungen: Patronatsfest Nuestra Señora del Carmen (16. Juli). Großes Volksfest Santiago Apóstol (25. Juli).

Umgebung: In der Pfarrkirche von *Alajeró* (8 km nordwestl.) eine originelle Skulptur des Gekreuzigten (17. Jh.). Am 14./15. Sept. feiert man hier die Romería de la Virgen del Paso mit großer Prozession. Nördlich (bei *Agalán*) einige alte Drachenbäume.

ⓘ Hotel Jardín Tecina, Lomada de Tecina.

Maßstab 1 : 150.000 — 0 2 4 6 8 km

Hierros Schutzpatronin ist die Virgen de los Reyes. In einem Kirchlein ganz im Westen der Insel wird ihre Statue aufbewahrt.

Hierro – stiller Charme einer entlegenen Welt

Weit draußen im Atlantik liegt Hierro, das Mauerblümchen im Kranz der Kanaren. Wirtschaftlich hat man es dort stets schwer gehabt; viele Herreños wanderten aus, die meisten nach Venezuela. Nur sehr zaghaft faßt jetzt der Fremdenverkehr Fuß. Noch ist es still dort, fast einsam – und gerade deshalb so faszinierend. Für die alten Phönizier und Griechen, die sich bis hierher hinausgewagt hatten, verlief auf Hierro der Längengrad Null. Dahinter war nur noch das Nichts.

Das Fest der Schutzpatronin, der Virgen de los Reyes: Ankunft in Valverde ▽

△ Vor steiler Wand: Vom Kirchlein von Frontera … … blickt man hinab auf die Nordküste am Golfo ▽

△ Der Zug der Gläubigen übers Land … … erreicht, von traditioneller Musik und Tänzen begleitet, den Hafen ▽

Alle vier Jahre beginnt am ersten Juli-Wochenende das Fest der Feste, beginnen die Tage, an denen Hierro seinen Ruf, ein stilles Eiland zu sein, mit Macht widerlegt. Vier Wochen dauert es, und es ergreift jedesmal die gesamte Insel. In den Ämtern ruht die Arbeit. Alle Hotels und Pensionen, alle Fähr- und Flugverbindungen sind ausgebucht. Tausende von Verwandten sind aus Venezuela, wohin sie im 19. Jahrhundert auswanderten, auf ihre alte Heimatinsel zurückgekehrt.

Die Jungfrau steigt zutal

Die Bajada de la Virgen, das Fest zum ›Abstieg‹ (Bajada) ›Unserer Jungfrau der Könige‹ aus ihrer bescheidenen Kapelle in der Dehesa-Hochebene zur fast dreißig Kilometer entfernt gelegenen Pfarrkirche von Valverde, ist El Hierros mit Abstand größtes Fest. Denn die Señora, eine eher zierliche Skulptur, die der Legende zufolge am Dreikönigstag des Jahres 1546 vor der Westküste gefunden wurde, ist die Schutzherrin der Insel. Alle gläubigen Herreños – was soviel heißt wie: alle Herreños – begleiten sie zumindest ein Wegstück, denn seit dem Jahr 1614 beschützt sie ihre Heimat. Damals, so will es die Überlieferung, wandten sich die Dehesa-Bewohner während einer schweren Dürrekatastrophe an die Figur und gelobten, sie alle vier Jahre nach Valverde zu tragen, wenn sie die Trockenheit beende. Tatsächlich setzte heftiger Regen ein – ein ähnliches ›Wunder‹ soll sich noch einmal 1740 zugetragen haben –, und so haben die Herreños seither alle vier Jahre Gelegenheit, ihr Versprechen einzulösen mit Gesang und Tanz, mit selbstgekeltertem Wein und einer beinahe rauschhaften Prozession.

Insel der Aussichtspunkte

Karge, von Schlackenkegeln bedeckte Felder im Süden, fruchtbare Täler und dichtbewachsene Bergflanken im Norden: Auch El Hierro bietet dieses von fast allen Kanaren-Inseln so vertraute Bild. Doch keine der anderen besitzt Landschaften wie die Meseta de Nisdafe, die Hochebene bei Isora und San Andrés im Nordosten: eine hoch über dem

△ Nur vier Zimmer: Hotel Punta Grande liegt direkt am Meer, …

… nicht weit entfernt von der Felsbrücke Las Puntas ▽

△ Wohnen wie die Vorfahren im Museumsdorf Guinea

△ Reifeprüfung: Diese Mango ist gerade recht

Herreñischer Hirte ▽

Meer gelegene grüne Ebene, die schon viele Betrachter an Irland erinnert hat. Kleine Steinmäuerchen umgrenzen die Weiden, überall grasen Kühe, Schafe, einige Ziegen. Das Gebiet ist ein Zentrum der Viehzucht und Milchwirtschaft.
Und noch eine Lanze ist zu brechen für El Hierro: Keine andere Kanaren-Insel wartet auf so engem Raum mit so vielen atemberaubenden Aussichten auf: Die Inselrundfahrt ist hier eine Fahrt von einem Mirador zum nächsten. Das prachtvollste Panorama bietet ohne Zweifel El Golfo, der Halbkrater an der Nordseite der Insel.

Bananen im Nadelbett

Es lohnt sich, am Golfo hinabzusteigen, die Landschaft auch aus der Nähe zu betrachten. Im gesamten Bereich zwischen Los Llanillos, Las Puntas und Frontera ist in den letzten Jahren ein leistungsfähiges Landwirtschaftszentrum herangewachsen. Neben Bananen und Wein werden hier Mangos, Papayas und Avocados – die Sorten Hass und Fuerte – angebaut, und besonders erfolgreich betreibt man die Kultivierung von Ananas. Mit zehn verschiedenen Arten wird experimentiert, als bisher leistungsfähigste hat sich die Sorte ›Roja Española‹ erwiesen. Ein Großteil der Früchte wird exportiert.
In einer Versuchsanlage der Inselregierung laufen auch Experimente mit biologisch kultivierten Früchten. Gute Erfahrungen hat man damit gemacht, die Bananenstauden ausschließlich mit Piniennadeln zu düngen, die es in beträchtlicher Menge auf der Insel gibt. Die den Boden bedeckende Nadelschicht ergibt nicht nur guten Humus, sie hält auch das Unkraut zwischen den Stauden fern. Auf chemische Mittel kann so vollständig verzichtet werden.

Rückzucht der Rieseneidechse

Hierro gilt als ein fast archaischer Außenposten der Zivilisation. Es paßt in dieses Bild, daß nicht weit von den heutigen Fruchtkulturen entfernt, auf den unzugänglichen, aus dem Meer aufragenden Felsen Roques de Salmor, einst bis zu einen Meter lange Rieseneidechsen lebten. 1779 wurde die seltene Spezies (Gallotia simonyi) wissen-

△ Hoya del Morcillo: Picknick im Schatten der Bäume

△ Fotogen: Wacholderbaum auf der Hochebene von La Dehesa

△ La Restinga im Süden von Hierro: Der kleine Hafen …

… ist der wichtigste Fischereihafen der Insel ▽

Abschied von Hierro: Blick zurück vom Fährschiff ▽

schaftlich beschrieben, doch in der Folgezeit wurden die Bestände arg dezimiert. 1935 waren sich die Experten einig: Die Rieseneidechse von Hierro ist endgültig ausgestorben. 1975 aber wurde durch Zufall festgestellt, daß doch einige Exemplare überlebt hatten – allerdings nicht auf den Roques de Salmor, sondern an den steilen Felswänden im Osten El Golfos, Risco de Tibataje genannt. Einige der Echsen wurden eingefangen, um sie für die Rückzüchtung zu verwenden, und 1986 wurden die ersten Jungtiere geboren. Die Größe ihrer Vorfahren haben sie zwar noch nicht erreicht, doch urweltlich anzuschauen sind sie allemal. Wer sich traut, kann im Terrarium beim Museumsdorf Guinea auch einmal ihre kalte, feinnervige Haut betasten.

Wacholderbäume im Nebel

Eine der beeindruckendsten Charakterlandschaften El Hierros ist die im Westen gelegene Hochebene La Dehesa. Jahrhundertealte, vom Nordwestwind gezauste und gebeugte Wacholderbäume haben hier den Gewalten getrotzt. Früher wurde das harte, fein gemaserte Holz dieser Art – Botaniker sprechen vom ›Phönizischen Wacholder‹ – von den Einheimischen für die Herstellung von Möbeln und Gerätschaften verwendet. Heute weiß man: Dies ist einer der letzten und ältesten Wacholderhaine der gesamten Kanaren, eine botanische Rarität.
Längst hat die Inselregierung den gesamten Hain, El Sabinar genannt, unter strengen Schutz gestellt – die knorrigsten Exemplare zieren Ansichtskarten und Prospekte. Das Gebiet aber, in dem außer einem Aufseher und seiner Familie keine Menschenseele lebt, wird als kommunales Weideland genutzt. In einem Bereich grasen Schafe, in einem anderen Ziegen, in wieder einem anderen Esel.
Kolkraben krächzen durch die Stille der Wildnis, da und dort taucht ein einsamer Wanderer auf. Nebel zieht auf, treibt mit dem Wind und hüllt die Hochebene im Nu in dichten, weißen Zauber. Wir haben den westlichsten Zipfel Europas erreicht, die letzte der ›Glückseligen Inseln‹. Fin del Mundo – und das stille Wunder, die Magie von La Dehesa.

Hierro

El Golfo
Valverde
Aeropuerto de Hierro
Frontera
Tigaday
Sabinosa
La Restinga
Taibique
Las Casas
San Andrés
Santa Cruz (La Palma)
Los Cristianos (Tenerife)
San Sebastián (Gomera)
Santa Cruz (Tenerife)
Las Palmas (Gran Canaria)
Punta del Guanche
Punta Norte
Punta de Amacas
Playa de Adentro
Balneario Tamaduste
Echedo
Casas Pozo de las Calcosas
Bahía de las Calcosas
Baja del Negro
Los Corrales
Punta de Agache
Playa de Agache
Roque Salmor
Playa del Piloto
Playa del Cantadal
Mocanal
Tesbabo
Hoyo del Barrio
Betenama
Guarazoca
Erese
Ermita de San Pedro
Ermita de San Lázaro
Ermita de Santiago
Playa del Salto
Playas Largas
Concepción
La Caleta
Playa de la Caleta
Ermita Virgen de la Peña
Mirador de la Peña
Jarales
Las Montañetas
Fuente de los Frailes
Ventejís
Ribera
Picos
Puerto de la Estaca
Ermita de San Telmo
Cueva de la Polvera
Playa del Varadero
Playa de Tijeretas
Bahía de Tijimiraque
Punta de Tijimiraque
Embarcadero de Punta Grande
Playa del Río
Roque del Pozo
Las Puntas
Torre
Tiñor
Bco. de Tiñor
Playas del Mulato
Risco de Tibataje
Casas Guinea (aband.)
Chamuscada
La Cumbrecita
La Cuesta
Los Llanos
Las Rosas
Izique
Mirador de Jinama
Ermita de la Caridad
Casas Los Mocanes
Timbarombo
La Torre
Tajace de Abajo
Isora
Mirador de Bermeja
Fuente de Azola
Las Playecitas
Punta de Ajones
Punta de la Sal
Punta de Gutiérrez
Punta Arenas Blancas
Arenas Blancas
Playa de la Madera
Playa de los Goranes
Playa de los Palos
Zona de pesca submarina
Bahía de los Pozos
Punta de las Poyatas
Playa de los Bucios
Bahía de la Hoya
Gruta de lava
Los Llanillos
Casas Las Toscas
Aljibe de la Punta
Mirador de El Rincón
(del Bascos)
Pozo de la Salud
Punta del Verodal
Bahía de los Reyes
El Sabinar
La Dehesa
Bco. del Borque
Playa de los Negros
Punta de los Reyes
Punta Orchilla
Tenaca
Montaña Colorada
Punta del Barbudo
Faro de Orchilla
Punta de la Palometa
Quemada
Santuario de N.ª S.ª de los Reyes
Tembárgena
Monumento al General Serrador
Venteja
Cruz de los Humilladeros
Los Palos Blancos
Tanganasoga
Malpaso
Tábano
Fuente Mequena
Fuente del Lomo
Bermeja
Mirador de las Playas
Fuente de Binto
Fuente de Rodrigo
Roque del Julián
Cruz de los Reyes
Tenerife
Fuente de la Llania
Salto de la Charca
El Risco de los Herrenos
Hoya del Morcillo
Vivero Forestal
Casa Forestal
Mercadel
Mirador de Tanajara
Cerro de Tajanara
Parador Nacional de Hierro
Las Playecillas
Playa de la Arena
Playa de los Cardones
Playa del Fraile
Punta de Bonanza
Playa de las Calcosas
El Julán
Los Números
Los Letreros
Los Jables
Cueva del Bucarón
El Río
Bco. de la Vieja
Punta de Miguel
Playa de Miguel
Playa de Icota
Playa Brava
Playa del Pozo
Playa de Manchas Blancas
Playa del Cantadal
Punta del Miradero
Punta de la Restinga
Restinga
Roque de Naos
Bahía de Naos
Las Lapillas
Cala de Tacorón
Playa de Linés
Playa del Cuervito
Playa de Tejeda
Playa de los Mozos
Punta de los Mozos
Playa de los Moles
Playa de las Coloradas
Punta de los Frailes
Punta de los Saltos

Wo gibt es was?

Fähnchennummer = Textnummer ℹ = Auskunft

Valverde ①

Die Inselhauptstadt (1500 Einw. von insgesamt 7500; Sitz der Inselregierung) liegt an einem Hang in 600–700 m Höhe. Zur Zeit der Bimbaches, der Ureinwohner Hierros, befand sich hier die Siedlung Amoco. 1404 eroberte Jean de Béthencourt die Insel für Spanien, 1405 folgte die Gründung Valverdes.

Sehenswert ist die Pfarrkirche Santa María de la Concepción (18. Jh.) mit einer Madonnenfigur aus derselben Zeit. Im kleinen, noch im Aufbau befindlichen Inselmuseum (C. Licenciado Bueno, mo–fr 9–13 Uhr) Funde aus vorspanischer Zeit, Haushaltsgeräte und Textilien. Ein Privatmuseum ist die Casa Juan Padrón (C. Magdaleno); es zeigt Trachten, Schnitzwerk, Keramik und alte Münzen. Kunsthandwerk bietet das Centro de Artesanía.

Südwestlich der Hauptstadt stand einst der von den Ureinwohnern ›Garoé‹ genannte *Arbol Santo* (Heiliger Baum), von dem große Mengen an Kondenswasser tropften und der zum Symbol im Inselwappen wurde. 1610 wurde er durch ein Unwetter zerstört; 1949 pflanzte die ICONA einen Nachfolgebaum, der ebenfalls bereits eine beträchtliche Höhe erreicht hat.

Veranstaltungen: Patronatsfest San Isidro (15. Mai). Bajada de la Virgen, größtes Fest der Insel, bei dem alle vier Jahre die Statue der Schutzpatronin Virgen de Los Reyes von der Ermita in der Gegend von La Dehesa (siehe Sabinosa) nach Valverde gebracht wird (ab 1. Juli-Wochenende, wieder 2001).

Aktivitäten: Segeln (Centro de Actividades Marinas); Rundfahrten, Ausflüge

Umgebung: Unterhalb des Orts liegt der Flughafen (6 km, Buslinie). Zum Fährhafen *Puerto de la Estaca* (8 km, Buslinie; Verbindungen mit Gomera und Teneriffa) führt eine Serpentinenstraße. Von dort verläuft eine Straße südwärts parallel zur Küste an der *Punta de Bonanza* vorbei zum staatlichen *Parador Nacional ›Fin del Mundo‹*; wo die Straße endet.

ℹ Cabildo Insular de Turismo, C/Licenciado Bueno 1, Tel. 550078.

San Andrés ②

Hauptort der landschaftlich reizvollen Hochebene *Nisdafe*, in der die Viehzucht dominiert. Berühmt ist der örtliche Kuh- und Ziegenkäse.

Veranstaltung: Großes Bauernfest mit Viehmarkt (Anf. Juni).

Umgebung: Oberhalb des Halbkraters El Golfo der *Mirador de la Peña* mit herrlichem Blick über die gesamte Golfregion und die Roques de Salmor, wo einst die Rieseneidechsen lebten. Das an die Aussichtsplattform angegliederte, aus Natursteinen und Holz errichtete Gebäude (Restaurant) entwarf César Manrique. Ein grandioser Blick auf El Golfo bietet sich auch von dem zwischen San Andrés und Frontera gelegenen *Mirador de Jinama*. 5 km südl. die Aussichtsplattform *Mirador de las Playas*, von der man herrliche Blicke auf die Ostküste hat.

Taibique ③

Dank des fast mediterranen Klimas gedeihen auf der Hochebene (900 m) Feigen, Aprikosen und Quitten; im Frühling blühen ungezählte Mandelbäume. In einer Privatsammlung zeigt José Hernández Panchillo Fossilien, Muscheln, Hausrat, Arbeitsinstrumente, diverse Holzschnitzereien und kuriose Holzobjekte (C. Chamoro 53, bitte klopfen). Im Ort gibt es auch eine Keramikwerkstatt.

Oberhalb des Orts erreicht man in 800 bis 1250 m Höhe den Pinienwald **El Pinar** (gute Wandermöglichkeiten), nach dem die aus Taibique und dem Nachbarort *Las Casas* gebildete Gemeinde benannt ist. Im Wald befindet sich das gepflegte Camping- und Freizeitgelände *Hoya del Morcillo*. Vom *Mirador de Tanajara* (oberhalb von Taibique) überblickt man den Inselsüden.

Veranstaltungen: Fiesta de San Antonio (17. Jan.); Día de la Cruz (3. Mai).

La Restinga ④

Der sonnenreichste Ort der Insel lebt vom Tourismus (viele Apartments) und der Fischerei. Die Fischereigenossenschaft hat sich auf den Fang von diversen Thunfischarten, Muränen und Brassen spezialisiert. Darüber hinaus hat sich die Ortschaft zur bedeutendsten Tauchbasis entwickelt.

Aktivitäten: Tauchen (Centro de Buceo und El Submarino), Höhlenbesichtigung (Cueva de Don Justo), Wandern; Baden (Punta de los Frailes und Cala de Tacorón).

Veranstaltungen: Patronatsfest San Juan (24. Juni). Fischerfest (3. Juli).

Umgebung: Zwischen der Ortschaft und der *Cala de Tacorón* (8 km nordwestl.) durchquert man das Naturschutzgebiet *El Lajial*, eine bizarre Vulkanlandschaft mit erstarrten Lavaströmen.

Frontera (El Golfo) ⑤

Die Gemeinde umfaßt die Ortschaften Frontera, *Tigaday, Los Llanillos* und alle Siedlungen im Kraterrund von El Golfo. Die wasserreiche Gegend wird landwirtschaftlich genutzt. Angebaut werden Ananas, Bananen, Avocados, Papayas, Mangos und Wein – die besten Tropfen der Insel wachsen hier. In einer Versuchsstation werden Obst- und Gemüsesorten biologisch angebaut.

Sehenswert ist die Pfarrkirche Virgen de la Candelaria (17. Jh.) mit diversen Statuen, kostbarer Silbermonstranz aus Mexiko und markantem Glockenturm.

Umgebung: An der Straße von Tigaday nach Las Puntas rechts das Museumsdorf *Guinea*. Alle Gebäude wurden im traditionellen Stil restauriert: Die Wände sind aus dunklem Vulkanstein, die Dächer aus Roggenstroh. Diese Bauweise wurde angeblich von Normannen, den ersten Siedlern auf der Insel, eingeführt. In den Häusern werden traditionelle Arbeitsinstrumente und Einrichtungsgegenstände gezeigt (Sommer di–fr 11–14, 18–20, sa/so 11–15 Uhr; Winter di–fr 11–14, 16–18, sa/so 11–15 Uhr).

Zum Museumsdorf gehört auch eine Forschungsanlage, in der die Lebensweise der Rieseneidechsen untersucht wird (do 11 bis 14 Uhr, Anmeldung bei Medio Ambiente, Valverde, C. Simón Acosta, mo–fr 9–14 Uhr).

In *Las Puntas* (6 km nördl. Frontera) befindet sich das laut Guinness-Buch mit nur 4 Zimmern kleinste Hotel der Welt (Hotel Punta Grande).

Aktivitäten: Schwimmen in den Naturschwimmbecken Charco Azul und La Maceta; Surfen, Tauchen, Angeln; Wandern und Radfahren; Höhlenbesichtigungen und Gleitschirmfliegen (Abenteuerclub ›El Submarino‹).

Veranstaltungen: Patronatsfest Fiesta de Candelaria (um den 11. Aug.)

Sabinosa ⑥

Äußerst im Westen gelegene Gemeinde mit gut erhaltenen Häusern im herrenischen Traditionsstil. Rings um die am Hang gelegene Ortschaft wird auf vulkanischen Böden Wein kultiviert. Eine Serpentinenstraße führt hinab zur radiumhaltigen Heilquelle *Pozo de la Salud*, deren Wasser man im gleichnamigen Kurhotel konsumiert.

Aktivitäten: Wanderungen zur Hochebene La Dehesa; Schwimmen an der rotsandigen *Playa del Verodal* (westl. Richtung Faro de Orchilla).

Umgebung: Oberhalb von Sabinosa die fast unbesiedelte Hochebene *La Dehesa* mit Resten eines jahrhundertealten Wacholderwaldes (*El Sabinar*). Hier liegt auch die berühmte Wallfahrtskirche der *Señora de Los Reyes* (siehe Valverde). Vom *Mirador del Bascos* (auch Mirador El Rincón) hat man eine der besten Aussichten auf den Halbkrater El Golfo.

Ganz im Westen der Insel der Leuchtturm *Faro de Orchilla* an der Punta de Orchilla, die im Mittelalter als Ende der Welt galt. Bis zur Verlegung in den Londoner Stadtteil Greenwich (1884) verlief hier der Nullmeridian.

Veranstaltungen: Fiesta de la Virgen de los Reyes in der Ermita von La Dehesa (6. Jan.); Fiesta de la Virgen de la Consolación (15. Mai); Bajada de la Virgen (alle 4 Jahre, wieder 2001; siehe Valverde); Fiesta de San Simeón (28. Okt.).

Maßstab 1 : 150.000 — 0 2 4 6 8km

Touristik-Informationen

Adressen

Deutschland: Spanische Fremdenverkehrsbüros: Myliusstr. 14, 60323 Frankfurt, Tel. 069/725033/8, Fax 725313; Grafenberger Allee 100, 40237 Düsseldorf, Tel. 0211/6803980/1, Fax 6803985; Kurfürstendamm 180, 10707 Berlin, Tel. 030/8826543, Fax 8826661; Schubertstr. 10, 80336 München, Tel. 089/5389075/6, Fax 5328680.
Teneriffa: Patronato de Turismo in Santa Cruz, Plaza de España, Tel. 605590, Fax 605781. **La Palma:** Patronato de Turismo in Santa Cruz, C/O'Daly 22, Tel. 411957, Fax 412106. **Gomera:** Oficina Insular de Turismo in San Sebastián, C/Real 4, Tel. 140147, Fax 140151. **Hierro:** Cabildo Insular in Valverde, C/Licenciado Bueno 1, Tel. 550078, Fax 551052.

Anreise

Linienflüge via Barcelona oder Madrid; direkte Charterflüge nach Teneriffa (Südflughafen) und La Palma. Hierro ist nur per Inlandsflug ab Teneriffa-Nordflughafen zu erreichen; der Flughafen auf Gomera befindet sich im Bau. La Palma und Gomera sind durch Fährlinien verbunden, ebenfalls Hierro, Gomera und Teneriffa (siehe Übersichtskarte S. 4). Wer sein eigenes Fahrzeug von daheim mitnehmen möchte, kann die Autofähre von Cádiz/ Südspanien nach Santa Cruz de Tenerife benutzen (1mal wöchentl., Überfahrt zwei Tage).

Autofahren

Das Mietwagenangebot ist überaus groß, vor allem in den großen Feriengebieten auf Teneriffa und La Palma. Anschnallpflicht auf Vorder- und Rücksitzen; Höchstgeschwindigkeit in geschlossenen Ortschaften 50, in Ferienorten 30, auf Landstraßen 90, auf Autobahnen 120 km/h; Promillegrenze 0,8.

Camping

Einen Campingplatz der 1. Kategorie gibt es nur auf Teneriffa: Nauta in Cañada Blanca/Las Galletas. La Palma: einfach ausgestattete Plätze Playa de Taburiente, El Pilar, Laguna de Barlovento (nur Hauptsaison) und Caldera de Taburiente (nur mit Genehmigung der Nationalparkverwaltung ICONA). Gomera: El Cedro (einfache Ausstattung, Genehmigung der ICONA nötig). Hierro: Freizeitgelände Hoya del Morcillo.

Deutschsprachige Medien

Über Ereignisse auf allen Kanarischen Inseln informiert das deutschsprachige Wochenmagazin ›Info Canarias‹. Auch das Radio sendet auf Deutsch: Die Deutsche Welle ist über Kurzwelle auf den Frequenzen 9454, 11795, 11785, 15275, 7130 kHz zu empfangen.

Ziegenkäse in allen nur denkbaren Spielarten – eine Spezialität der kanarischen Küche, hier präsentiert in Icod de los Vinos.

Essen und Trinken

Alle Inseln verfügen über ihre Spezialitäten, doch unterscheiden sie sich nicht wesentlich voneinander. Generell beliebt sind deftige gegrillte Ziegen- und Kaninchengerichte (›Cabrito‹ oder ›Conejo‹) und gehaltvolle Eintöpfe (›Puchero‹) aus Zwiebeln, Möhren, Tomaten, Süßkartoffeln, Mais oder Kichererbsen mit Paprikawurst und Rind- oder Hühnerfleisch. Auf der Fischkarte stehen meist ›Atún‹ (Thunfisch), ›Dentón‹ (Zahnbrasse), ›Lenguado‹ (Seezunge), ›Morena‹ (Muräne), ›Salmonete‹ (Meerbrasse) oder ›Sardina‹ (Sardinen); empfehlenswert sind auch die Napfschnecken.
›Papas arrugadas‹, fast allgegenwärtig, sind in Salzwasser gedämpfte Pellkartoffeln, die wie die Fleisch- und Fischgerichte oft mit kalter pikanter Tunke (›Mojo verde‹ oder ›Mojo rojo‹) gereicht werden. Von herausragender Qualität ist der Ziegenkäse (›Queso de cabra‹), ob gegrillt oder geräuchert oder gar mit Mandeln, Feigen und Honig serviert. Verlockend auch das Angebot an Früchten; Avocados, Bananen, Ananas, Papayas und Mangos wachsen vor Ort.
Schließlich der Wein: Die größte Vielfalt bietet Teneriffa; wichtigstes Anbaugebiet ist hier Tacoronte-Acentejo. Durchaus interessant sind auf La Palma die von der Genossenschaft Llanovid in Fuencaliente gekelterten Weißweine, vor allem der Malvasier. Auf Hierro kommen die besten Weine aus der Region El Golfo/Sabinosa.

Feiertage

Neben den vielen regionalen Festtagen (Patronatsfeste) gelten folgende Feiertage: 1. Januar (Neujahr), 6. Januar (Dreikönigstag), 19. März (hl. Josef), Karfreitag, Ostermontag, 1. Mai (Tag der Arbeit), 30. Mai (Nationalfeiertag der Kanaren), 25. Juli (hl. Jakobus), 15. August (Mariä Himmelfahrt), 12. Oktober (Entdeckung Amerikas), 1. November (Allerheiligen), 6. Dezember (Tag der Verfassung), 8. Dezember (Mariä Empfängnis), 25. Dezember (Weihnachten).

Geld

Gängige Kreditkarten (Euro-/Mastercard, Visa), Euro- und Reiseschecks werden von den meisten Hotels, Restaurants, Autoverleihern und touristischen Agenturen akzeptiert. In ländlichen Regionen benötigt man dagegen Bargeld. Höchstbetrag für Euroschecks ist 25 000 Pesetas; Scheckkarte und Ausweis müssen vorgelegt werden. Die meisten Banken verfügen inzwischen über Geldautomaten (Telebanco), die per Kredit- oder Euroscheckkarte mit persönlicher Geheimzahl bedient werden.
Zentraler Sperrannahmedienst bei Scheckkartenverlust: 0749/69/740987 (Frankfurt a. M.). Rufnummer in Spanien bei Kreditkartenverlust: Visa-Sparkassen, Euro- und Mastercard 91/4352445; Visa-Banken 91/4022600; Diners Club 91/2474000; American Express 91/4599009.

weiter auf Seite 112

Reisedaten Westkanaren

Flug von Deutschland	Inlandsverkehr	Reisepapiere	Devisen	Mietwagen	Benzin	Hotel	Pension	Menü	Einfaches Essen	Ortszeit	Last Minute
Charter je nach Saison ca. 600 bis 900 DM	Halbtages-Tour mit dem Taxi ca. 60 DM	Personalausweis oder Reisepaß	1 DM = ca. 82 Ptas. (Pesetas)	ab 60 DM pro Tag (unbegrenzte Kilometer, Versicherung)	1 Liter: Super ca. 1 DM, Bleifrei ca. 0,95 DM	Luxuskat. ab 250 DM, Mittelklasse ab 85 DM (Do-Zimmer)	ab 50 DM (Do-Zimmer)	ab 18 DM (ohne Wein)	Eintopf oder Grillfleisch ab 10 DM (ohne Wein)	MEZ minus 1 Std.	Flüge nach La Palma und Teneriffa für unter 400 DM

Ausgewählte Hotels und Restaurants

Hotels

Auf Teneriffa

***** San Roque**
Garachico, C. Esteban de Ponte 32, Tel. 133435, 133406, Fax 133424.
Stilvolles und originelles Haus (20 Zimmer) in der ruhigen Ortschaft Garachico. Einrichtung mit modernem Design und Kunstwerken. CD-/Video-Service, Pool, Sauna, Restaurant, Bar, Vermittlung von Bootsausflügen. Freundlicher Service.

***** Parador Las Cañadas del Teide**
La Orotava, Las Cañadas del Teide, Tel. 386415, Fax 382352.
Gediegener Parador-Service in einem frisch restaurierten und erweiterten Haus. Mitten im Nationalpark gelegen. 37 Zimmer.

******* Bahía del Duque**
Playa de las Américas, Carr. de la Caleta, km 2, Tel. 713000, Fax 712872, 712600.
Luxuriöser Komplex mit phantasievoll gestalteten Gebäuden im kanarischen, venezianischen und anderen Baustilen. Mehrere Pools, Gourmet-Restaurant, eigener Strand. 364 Zimmer.

******* Jardín Tropical**
Playa de las Américas, Urb. San Eugenio, Gran Bretaña s/n, Tel. 750100, Fax 752844.
Luxushotel im maurisch inspirierten Stil mit edel ausgestatteten Zimmern. Mehrere Restaurants, Biozentrum, Gärten, Sonnenterrasse, Strandnähe. 438 Zimmer.

***** Monopol**
Puerto de la Cruz, C. Quintana 15, Tel. 384611, Fax 370310.
Traditionsreiches Mittelklassehotel in der Innenstadt. Schöner begrünter Innenhof. Kanarische Holzbalkone. Mittelmäßig ausgestattete Zimmer. Viele Reisegruppen. 92 Zimmer.

***** Tigaiga**
Puerto de la Cruz, Parque del Taoro 28, Tel. 383500, Fax 384055.
Renommiert professioneller Service. Subtropischer Park, Gourmet-Restaurant, Folkloredarbietungen. Hohe Qualität in allen Bereichen. 77 gediegen eingerichtete Zimmer.

***** Ozeano**
Punta del Hidalgo, Av. Marítima s/n, Tel. 541108, 541112, Fax 543552.
Renommiertes Sport- und Kurhotel mit vielen gesundheitsfördernden Einrichtungen. Sportstudio, Sauna, FKK-Terrasse, Vollwertküche. Freundlicher Service, auch in deutscher Sprache.

******* Mencey**
Santa Cruz, Av. Dr. José Naveiras 28, Tel. 276700, Fax 280017.
Das stattliche Gebäude war ehemals Sitz des Militärgouverneurs. Bestes Hotel der Stadt. Pool im schönen Innenhof, Restaurant, Bar, Tennis, Boutiquen. 290 Zimmer.

Auf La Palma

****** La Palma Romántica**
Barlovento, Las Llanadas s/n, Tel. 186221, Fax 186400.
Vollkommen ruhig am Ortsrand von Barlovento im Norden gelegen. Gepflegtes Haus mit individuellem Flair. Restaurant, Sauna, Pool. Tennis. 41 Zimmer. Wandermöglichkeiten in der Umgebung. Internationale Stammgäste.

***** Hacienda San Jorge**
Los Cancajos, Playa de los Cancajos 22, Tel. 181066, Fax 434528.
Gepflegte Appartementanlage nahe dem Strand, aber in ruhiger Lage. Viel Pflanzen- und Blumenschmuck. Großer Pool, Sportangebote, Sauna. Gehobenes Niveau. 155 Appartements.

***** Taburiente Playa**
Los Cancajos, Playa de los Cancajos, Tel. 181277, Fax 181285.
Größtes Hotel im Touristenzentrum Los Cancajos an der Ostküste. Internationale Pauschaltouristen. 293 Zimmer, moderner Komfort. Gutes Restaurant, Pool, Sauna, Sportanlagen.

****** Sol La Palma**
Puerto Naos, Punta del Pozo, Tel. 408000, Fax 408014.
Neueres Großhotel (470 Zimmer) nahe dem Strand. Tennis, Sauna, Spezialangebote für Kinder. Internationale Pauschaltouristen.

**** Marítimo**
Santa Cruz de la Palma, Av. Marítima 75, Tel. 420222, Fax 414302.
Direkt an der Meerespromenade gelegenes Stadthotel auf mittlerem Niveau. Keine besonderen Extras, aber gediegener Service, zentrale Lage. 69 Zimmer. Viele Reisegruppen.

Auf Gomera

****** Jardín Tecina**
Playa de Santiago, Lomada de Tecina, Tel. 895050, Fax 895188.
Moderne, geschmackvoll gestaltete Bungalow-Anlage, 434 Zimmer. Das komfortabelste Haus der Insel. Pool, hauseigener Strand, Tennis, Fitness-Center, Sauna. Beliebt bei ausländischen Pauschaltouristen.

****** Parador Conde de la Gomera**
San Sebastián de la Gomera, Cerro de la Horca s/n, Tel. 871100, Fax 871116.
Ruhig oberhalb der Hauptstadt gelegen. Gediegener Parador-Service. Pool, geschmackvoll eingerichtete Zimmer. Bar, Restaurant. 60 Zimmer.

Auf Hierro

***** Parador del Hierro**
Las Playas 26, Tel. 558026, Fax 558086.
Sehr ruhig am Ende einer Straße an der Ostküste. Komfortabelstes Hotel der Insel. Pool, anspruchsvolles Restaurant. 47 Zimmer. Kleiner Kiesstrand.

**** Punta Grande**
Las Puntas, Embarcadero de Punta Grande 2, Tel./Fax 559081.
Direkt am Meer gelegen. Laut Guinness-Buch der Rekorde das kleinste Hotel der Welt. Vier Zimmer, Bar-Restaurant, Solarium.

***** Pozo de la Salud**
Sabinosa-Frontera, Tel. 559561, Fax 559801.
1996 eröffnetes Kurhotel, direkt an der Felsküste des Atlantiks. Guter Ausgangspunkt für Wanderungen. Sehr ruhig. Kleines Restaurant.

Hotelpreise
Übernachtung jeweils für 2 Personen im Doppelzimmer ohne Frühstück

Ein Stern: ca. 40–80 DM
Zwei Sterne: ca. 80–120 DM
Drei Sterne: ca. 120–220 DM
Vier Sterne: ca. 220–300 DM
Fünf Sterne: ab 300 DM

Restaurants

Auf Teneriffa

Mesón El Drago
El Socorro-Tegueste, Urb. San Gonzalo.
Vielgerühmtes Gourmet-Restaurant, kreativ verfeinerte kanarische Rezepte auf hohem Niveau. Eines der besten Häuser der Insel. Schöner Innenhof mit Drachenbaum.

La Cuadra de San Diego
La Matanza de Acentejo, Camino Botello s/n.
Kleines, einfach ausgestattetes Lokal mit herrlichen hausgemachten Produkten. Eigener Wein, Ziegenkäse, Kaninchengerichte, himmlische Nachspeisen. Familiäre Atmosphäre.

Casa Mereja
La Orotava, C. León 23.
Volkstümliches, auch bei Einheimischen beliebtes Restaurant mit lauschigem Innenhof. Wechselnde Tagesgerichte, hauseigener Wein. Günstige Preise.

El Patio
Playa de las Américas, im Hotel Jardín Tropical. Gourmet-Restaurant für höchste Ansprüche. Kanarische und spanische Küche vom Feinsten, große Weinauswahl. Luxusklasse.

Magnolia
Puerto de la Cruz, Av. Villanueva del Prado.
Eines der kultiviertesten Restaurants der Stadt. Katalanische, spanische und internationale Spezialitäten auf beachtlichem Niveau.

La Caseta
Punta del Hidalgo, Av. Marítima 1.
Beliebtes Familienlokal, spezialisiert auf Fisch und Meeresfrüchte. Ungezwungene Atmosphäre, am Wochenende viel Betrieb.

Las Aguas
San Juan de la Rambla, C. Destila 18.
Klein, aber exquisit. Direkt am Meer gelegen. Herrliche Reisgerichte nach murcianischen und valencianischen Rezepen. Viele Stammgäste.

El Coto de Antonio
Santa Cruz de Tenerife, C. General Goded 13.
Seit Ewigkeiten eine Institution in der Hauptstadt. Phantasievolle kanarische Küche.

Auf La Palma

La Casona de Argual
Argual, Llano de San Pedro.
Außerhalb von Los Llanos de Aridane in einem Herrenhaus aus dem 18. Jh. untergebracht. Wunderschöne Gartenterasse, innen antike Möbel. Internationale Küche, umfassende Auswahl an spanischen Weinen. Sehr niveauvoll, angenehmes und ruhiges Ambiente.
Do geschl.

Parilla La Pradera
Barlovento, La Laguna, Carr. General.
Rustikal eingerichtete Grillgaststätte, sympathischer Familienbetrieb. Vorzüglicher gegrillter Ziegenkäse, Suppen, Eintöpfe, deftige Hausmannskost, reelle Preise.
Fr geschl.

El Pino
Breña Baja, Las Ledas 44 A.
Klein und gepflegt, gediegener und freundlicher Schweizer Service. Verfeinerte palmerische, schweizerische und italienische Spezialitäten. Exquisite Küche, große Weinauswahl.
So und mo geschl.

Salta Si Puedes
Los Llanos de Aridane, Av. Tanausú 29.
Volkstümliches Ambiente, viele Stammgäste. Palmerische Traditionsgerichte, herzhafte Fleischspeisen. Aufmerksamer Service. Familienbetrieb.

Mesón del Mar
Puerto de Espíndola. Direkt am Hafen gelegen. Gepflegtes volkstümliches Ambiente. Solide zubereitete Fischgerichte und Meeresfrüchte. Viele Stammgäste, kleine Terrasse, Hafenblick. Gute Küche zu günstigen Preisen.

Bodegón Tamanca
San Nicolás, Carr. General del Sur 21.
Urige Atmosphäre in einem Felsstollen. Eigene Weine, Schinken, Würste, herzhafte Tapas. Vernünftige Preise.
Mo geschl.

El Bernegal
Santo Domingo de Garafía, C. Díaz y Suárez 5.
Gepflegtes Ambiente. Beste lokale Küche zu günstigen Preisen. Auch Vegetarisches.

Auf Gomera

Casa del Mar
San Sebastián, Av. Fred Olsen 26.
Traditions- und Fischgerichte auf hohem Niveau. Ein Klassiker der gomerischen Gastronomie.

Marqués de Oristano
San Sebastián, C. Medio 26.
Niveauvolle Kombination aus kanarischer und internationaler Küche. Das anspruchsvollste Restaurant der Insel. Korrekter Service.

Auf Hierro

El Guanche
Frontera, C. Cruz Alta 1.
Solide Hausmannskost: deftige Eintöpfe, Fleisch- und Fischgerichte. Volkstümliche Atmosphäre.

Casa Juan
La Restinga/Taibique, C. J. Gutiérrez Monteverde.
Solide, traditionsbewußt und volksnah. Große Portionen, köstlicher Schinken, gute Tapas. Freundliche Bewirtung.

Stand Dezember 1997

Touristik-Informationen

Gesundheit

Der Berechtigungsschein E 111 für die staatliche spanische Krankenversicherung (Seguridad Social) ist in Deutschland bei allen Krankenkassen erhältlich. Gegen Vorlage dieses Formulars werden leichte Erkrankungen (keine Zahnbehandlung!) in den staatlichen Gesundheitszentren (Centro de Salud) kostenlos betreut. Deutschsprachige Privat- und Zahnärzte, die Barzahlung erwarten, gibt es in den größeren Feriengebieten; die Hoteldirektion oder der Repräsentant des Reiseveranstalters, bei dem Sie gebucht haben, hilft bei der Vermittlung. Apotheken (Farmacias) sind in der Regel mo–fr 9–13, 17–19 Uhr geöffnet, manchmal auch sa 9–13 Uhr. Man erkennt sie am grünen Kreuz auf weißem Grund. 24-Stunden-Notdienst auf allen Inseln: Tel. 061 für medizinische Hilfe. Unter Tel. 091 erreicht man in Spanien die Polizei.

Kinder

Interessante Angebote für Familien mit Kindern gibt es vor allem auf Teneriffa. Beliebt sind hier Erlebnisparks wie Loro Parque (Puerto de la Cruz) und Camel Park, Cactus Park oder Parque Ecológico las Aguilas del Teide (Los Cristianos). Spezielle Einrichtungen für Kinder bietet auf La Palma das Hotel Sol in Puerto Naos.

Ländlicher Tourismus

Vielerorts haben sich in den letzten Jahren Vereinigungen gebildet, die spezielle, ruhig gelegene Unterkünfte auf dem Lande anbieten, meist geschmackvoll restaurierte Bauernhäuser inmitten der Natur. Besonders La Palma und Gomera verfügen über viele Angebote in diesem Bereich. Informationen bei den Inselbüros, s. Adressen.

National- und Naturparks

In den National- und Naturparks gelten strenge Schutzvorschriften. Das Mitnehmen von Tieren, Pflanzen und Steinen ist untersagt; wegen der hohen Brandgefahr ist Umgang mit offenem Feuer zu vermeiden. In den Nationalparks wacht die Naturschutzbehörde ICONA über die Einhaltung der Bestimmungen. Auf Teneriffa, La Palma und Gomera gibt es spezielle Infozentren.

Öffentliche Verkehrsmittel

Auf Teneriffa und La Palma ist das Netz der Linienbusse dicht und gut organisiert, die Preise sind günstig. Am Sonntag verkehren allerdings deutlich weniger Busse. Auf Gomera und Hierro sind die Busverbindungen unzureichend; hier ist man oft auf die – wenigen – Taxen angewiesen. Ein freies Taxi erkennt man an der grün leuchtenden Lampe auf dem Dach.

Für Könner eine echte Herausforderung: Radsport auf den Kanarischen Inseln, hier im Anaga-Gebirge im Norden Teneriffas.

Öffnungszeiten

Kernzeiten für Geschäfte sind mo–sa 10 bis 13 und 17–20 Uhr. Banken und Ämter sind nur vormittags geöffnet (meist mo–fr 9–14, sa 9–13 Uhr). Restaurants außerhalb der Feriengebiete servieren mittags ab 13 und abends ab 20 Uhr.

Post und Telefon

Postämter sind meist mo–fr 9–14 und sa 9–12 Uhr geöffnet. Briefe und Postkarten in EU-Länder sind oft über eine Woche unterwegs. Wichtige und eilige Sendungen sollten deshalb per Einschreiben/Eilboten geschickt werden; besonders zügig geht es mit dem Postal Exprés-Service.
Günstiger als aus dem Hotelzimmer telefoniert man in den öffentlichen Münzfernsprechern oder bei der Gesellschaft Telefónica. Für Auslandsgespräche benötigt man 100-Peseten-Münzen oder eine Telefonkarte (Tarjeta Telefónica), die in Postämtern und Tabakläden erworben werden kann. Ab 22 Uhr, sa/so ab 14 Uhr, ist das Telefonieren deutlich billiger.
Vorwahlnummern: Von Deutschland nach den Inseln 0034 für Spanien, 22 für die Westkanaren, dann die Nummer des Teilnehmers. Von den Inseln nach Hause: 07 für das Festland, (Pfeifton abwarten) dann 49 (Deutschland), 41 (Schweiz) oder 43 (Österreich), danach die Ortsvorwahl ohne die 0 und die Teilnehmer-Nummer.

Souvenirs

Das Kunsthandwerk umfaßt Holzschnitzereien, Flechtarbeiten, Keramik und Textilien. Auf La Palma wird Seide noch in handwerklichen Verfahren hergestellt; auch Palma-Zigarren sind beliebte Mitbringsel. In La Orotava auf Teneriffa bekommt man Messer, deren Schaft aus Kuhknochen und Ziegenhorn gearbeitet ist. Besonders originell ist die Keramik aus El Cercado auf Gomera. Souvenirs von Hierro sind Honig, Wein und getrocknete Feigen.

Sport

Angeln: Hochseeangeltouren werden in allen Sportboothäfen angeboten.
Golf: 18-Loch-Platz ›Golf del Sur‹, Teneriffa.
Radfahren: Die starken Steigungen und Abfahrten auf den Inseln sind nichts für ungeübte Radsportler. Ein perfekt ausgerüstetes Rad (mit soliden Bremsen!) ist ein Muß.
Tennis: In gehobenen Hotels und Bungalowanlagen meist eigene Tennisplätze.
Wandern: Die schönsten Wanderrouten bieten Gomera und La Palma. Einige (z.B. Caldera de Taburiente) sind so anspruchsvoll, daß man sich besser einer geführten Gruppe anschließt. Im Gebirge kann das Wetter leicht umschlagen. Zur Ausrüstung gehört immer eine aktuelle (!), möglichst detaillierte Wanderkarte.
Routenvorschläge und Adressen von Wandervereinen und Spezialveranstaltern über die Verkehrsämter (s. Adressen); Wanderführer und Karten in den Buchhandlungen und Hotel-Kiosken.
Wassersport: Segel- und Windsurfing-Schulen sowie Tauchbasen (oft deutschsprachig) in den großen Ferienorten.

Sprache

Landessprache ist kastilisches Spanisch. In den Feriengebieten wird auch ausreichend Englisch und/oder Deutsch gesprochen, Hinweisschilder und Speisekarten sind in deutscher Sprache abgefaßt.

Wetterdaten

Santa Cruz de Tenerife	Tages-temp. max.	Nacht-temp. min.	Wasser-temp.	Tage mit Nieder-schlag	Sonnen-stunden pro Tag
Januar	20°	14°	19°	7	6
Februar	21°	14°	18°	5	6
März	22°	15°	18°	4	7
April	23°	16°	18°	2	8
Mai	24°	17°	19°	1	9
Juni	26°	19°	20°	>1	10
Juli	28°	20°	21°	>1	11
August	29°	21°	22°	>1	10
September	28°	21°	23°	>1	8
Oktober	26°	19°	23°	4	7
November	24°	17°	21°	5	6
Dezember	21°	16°	20°	7	5

Register

(**Fettgedruckte** Ziffern verweisen auf Autoatlas und Stadtplan, unterstrichene Ziffern auf Abbildungen)

Zeichenerklärung Karten

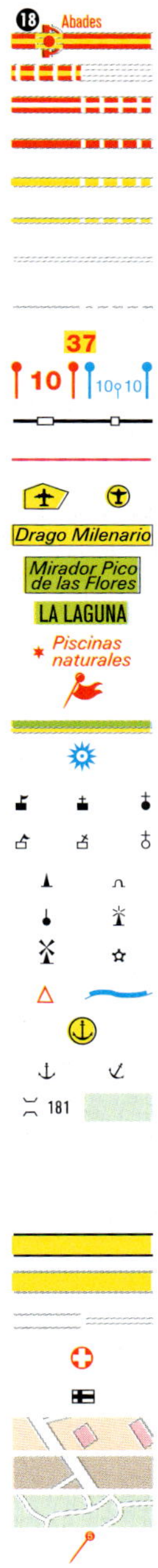

Autoatlas

Autobahn mit Anschlußstelle
Autobahn in Bau - geplant
Vier- oder mehrspurige Straße - in Bau
Wichtige Hauptstraße - in Bau
Hauptstraße - in Bau
Nebenstraße - in Bau
Sonstige Straßen, nur bedingt befahrbar
Fahrweg - Fußweg
Entfernungen an Autobahnen in km
Entfernungen an übrigen Straßen in km
Eisenbahn mit Bahnhof und Haltepunkt
Autofähre
Flughafen - Flugplatz - Segelflugplatz
Besonders sehenswert
Besondere Natursehenswürdigkeit
Sehenswert
Sonstige Sehenswürdigkeit
Wo-gibt-es-was? - Hinweis
Landschaftlich schöne Strecke
Aussichtspunkt
Burg, Schloß - Kirche - Kloster
Ruinen
Denkmal - Höhle
Turm - Leuchtturm
Windmühle - Windrad
Campingplatz - Badestrand
Boots- und Jachthafen
Ankerplatz mit -, ohne Versorgung
Paß (Höhe in m) - Wald

Stadtplan

Durchgangsstraße
Hauptstraße
Sonstige Straßen
Krankenhaus
Kirche
Bebauung, öffentliches Gebäude
Industriegebiet
Park - Wald
Wo-gibt-es-was? - Hinweis

Impressum

1. Auflage 1998
Verlag: HB Verlags- und Vertriebs-Gesellschaft mbH, Alsterufer 4, 20354 Hamburg, Postfach 300660, 20347 Hamburg, Telefon 040/4151-04, Telefax 040/4151-3231. Geschäftsführer: Kurt Bortz, Jonny Bülow, Dr. Joachim Dreyer

Redaktion und Produktion: Harksheider Verlagsgesellschaft mbH, Fabersweg 1, 22848 Norderstedt, Postfach 5249, 22822 Norderstedt, Telefon 040/528862-0, Telefax 040/5234056
Redaktion: Ulrike Klugmann (verantwortlich), Dr. Johannes Bohmann **Text und Bildrecherche:** Harald Klöcker, Köln **Exklusiv-Fotografie:** Hartmut Schwarzbach & Mike Schröder (argus), Hamburg **Layout:** Rolf Bünermann, Gütersloh
Kartografie: © Falk Verlag AG, München; Kartografie: © GeoData GmbH & Co. KG
HB-Bildatlas Fotoservice: Harksheider Verlagsgesellschaft mbH, Postfach 5249, 22822 Norderstedt, Telefon 040/528862-22, Telefax 040/5234056

Anzeigenalleinverkauf: KV Kommunalverlag GmbH, Postfach 810565, 81905 München, Telefon 089/928096-24, Telefax 089/928096-20
Vertrieb Zeitschriftenhandel: Partner Pressevertrieb GmbH, Postfach 810420, 70521 Stuttgart, Telefon 0711/7252-227, Telefax 0711/7252-310
Vertrieb Abonnement und Einzelhefte: Zenit Pressevertrieb GmbH, Postfach 810640, 70523 Stuttgart, Telefon 0711/7252-198, Telefax 0711/7252-333
Vertrieb Buchhandel: Mairs Geographischer Verlag, Marco-Polo-Zentrum, 73760 Ostfildern, Telefon 0711/4502-0, Telefax 0711/4502-340
Reproduktionen: Otterbach Repro GmbH & Co., Rastatt **Druck und buchbinderische Verarbeitung:** SOV Graphische Betriebe, Bamberg. Printed in Germany

ISBN 3-616-06277-2

Gran Canaria *Fuerteventura · Lanzarote*

Sonneninseln im Atlantik: Strände, Oasen, Vulkane

Foto: Tahiche auf Lanzarote, Welt in Schwarz- Weiß.

Mit mehr als 300 Sonnentagen pro Jahr bieten die östlichen Kanarischen Inseln fast ewigen Frühling. Gran Canaria, mit über 750 000 Einwohnern die am dichtesten besiedelte Kanaren-Insel, besitzt im Süden ihre Sonnenküste un die einzigartige Dünenlandschaft von Maspalomas. Unberührte Buchten verstecken sich dagegen zwischen den unwegsamen Steilküsten im Westen, Naturraritäten im feuchten Inselnorden und üppigste Blütenpracht in den Tälern des Landesinnern, wo bizarr geformte Gipfel über tiefen Schluchten in den Himmel ragen.

Zu Streifzügen durch verwinkelte Gassen locken historische Kleinstädte. Besonders die Hauptstadt Las Palmas mit ihrer malerischen Altstadt, den schönen Plätzen und Parks sowie zahlreichen interessanten Museen lohnt einen ausgedehnten Bummel – nicht nur zur Karnevalszeit à la Rio.

Fuerteventura lockt mit den längsten Stränden des gesamten Archipels: Hier gibt es alles, was das Herz des Badeurlaubers begehrt, hier finden Segler, Windsurfer und Unterwassersportler im türkisblauen Meer ihr Paradies.

Lanzarote, die Bilderbuchinsel, bezaubert mit schneeweißen Häusern vor schwarzen Vulkankegeln, modernen, vielfarbigen Kunstwerken, besuchenswerten Freiluftmuseen und den Feuerbergen des Nationalparks Timanfaya. Jede der drei Inseln hat ihren eigenen Reiz, den zu entdecken der HB-Bildatlas Nr. 176 ›Gran Canaria · Fuerteventura · Lanzarote‹ einlädt.

Lieferbare Ausgaben

27 Venedig und Venetien
32 Kopenhagen
38 Bornholm
40 Flandern · Antwerpen · Brügge · Gent
41 Trier
45 Jütland
46 Hohenloher Land
47 Vorarlberg
51 Osnabrücker Land
54 Wien
57 Emilia-Romagna · Vom Apennin zur Adriaküste
59 Provence
62 Luxemburg
63 Hessisches Bergland
64 Fichtelgebirge · Frankenwald · Coburger Land
65 Frankfurt
66 Steiermark · Graz
67 Côte d'Azur · Monaco
68 Dänische Inseln · Seeland · Fünen · Lolland · Langeland · Falster
70 Bodensee · Oberschwaben
71 Stuttgart und das Neckarland
72 Zentral- und Ostschweiz · Zürich · Luzern · St. Gallen
73 Hannover · Braunschweiger Land
74 Italienische Riviera · Genua
75 Altmühltal
76 Chiemgau · Berchtesgadener Land
77 Emsland · Grafschaft Bentheim
78 Sachsen
81 Kreta
83 Costa del Sol · Andalusien
84 Oberbayern zwischen Lech und Inn
85 Korsika
86 Bayerischer Wald
88 Schwäbische Alb
89 Südtirol
90 Hunsrück · Naheland · Rheinhessen
91 Paris
92 Sizilien
93 Allgäu
94 Thüringen
95 Oberpfalz · Regensburg
97 Ostfriesland · Oldenburger Land
98 Westerwald · Taunus · Rheingau
99 Mecklenburg-Vorpommern
100 Salzburger Land · Salzburg
101 Lüneburger Heide
102 Die Loire
103 Köln
104 Rhodos · Dodekanes
105 Rom
106 Südnorwegen · Fjordland
107 Berlin
108 Bayerisch Schwaben · Augsburg · Nördlingen
109 Costa Brava · Katalonien
110 Sauerland
111 Brandenburg
112 Die Pfalz
113 Elsaß
114 Sachsen-Anhalt
115 Graubünden
116 Düsseldorf
117 Mallorca · Menorca · Ibiza · Formentera
118 Südschweden · Stockholm
119 Münsterland · Münster
120 Prag
121 Eifel · Aachen
122 Bretagne
123 Weserbergland
124 Südengland
125 Fränkische Schweiz
126 Gardasee · Trentino
127 Rhön
128 Malta
129 Harz
130 Algarve · Lissabon
131 Hamburg
131 Hamburg, English Edition
132 Normandie
133 Elbe und Weser · Nordseeküste
134 Madrid
135 Die Mosel
136 Sardinien
137 Mainfranken · Steigerwald · Haßberge
138 Budapest
139 Südschwarzwald
140 Griechische Inseln: Kykladen
141 Thüringer Wald
142 Oberitalienische Seen · Lombardei · Mailand
143 Odenwald · Kraichgau · Bergstraße
144 Schottland
145 Dresden · Sächsische Schweiz
146 Holland · Inseln · Küste · Amsterdam
147 Spessart
148 Danzig · Ostsee · Masuren
149 Rhein und Ruhr
150 Costa Blanca · Valencia · Alicante
151 Mittelfranken · Ansbach · Rothenburg · Nürnberg
152 St. Petersburg
153 Nördlicher Schwarzwald
154 Basel · Bern · Aargau · Solothurn
155 Ostbayern zwischen Donau und Inn
156 Golf von Neapel · Kampanien
157 Ostseeküste Schleswig-Holstein
158 Irland
159 Nordseeküste Schleswig-Holstein
160 Französische Atlantikküste
161 Saarland
162 Burgenland
163 Weimar· Erfurt · Nördliches Thüringen
164 Böhmen
165 München
166 Zypern
167 Toskana · Florenz
168 Ostseeküste Mecklenburg-Vorpommern
169 Südfinnland · Helsinki
170 Kärnten
171 Erzgebirge · Vogtland · Chemnitz
172 Tessin
173 Teutoburger Wald · Ostwestfalen
174 Tirol
175 London
176 Gran Canaria · Fuerteventura · Lanzarote
177 Teneriffa · La Palma · Gomera · Hierro

Überall im Buchhandel / Bahnhofsbuchhandel erhältlich oder zu bestellen unter Telefon 0711/7252-198, Fax 0711/7252-333

In Vorbereitung

178 Chiemgau · Berchtesgadener Land
179 Die Seen in Mecklenburg und Lauenburg
180 Nordnorwegen · Nordkap · Lofoten · Spitzbergen